A+K Weltenbummler - Tobago

Wir, A+K Weltenbummler, mit Namen Angela und Klaus, verreisen für unser Leben gern und haben in den letzten 30 Jahren viel gesehen und erlebt, haben Länder und Menschen kennengelernt. Dabei bereisten wir von der Karibik bis zu den Philippinen und vom Nordkap bis nach Kenia unsere schöne Erde. Je nach Erreichbarkeit erlebten wir die besuchten Länder im Rahmen einer Pauschalreise, per Wohnmobil oder individuell organisiert. In unseren Reiseberichten sind unsere Erlebnisse, Abenteuer und Entdeckungen mit vielen Bildern und in kurzweiliger Form niedergeschrieben. Sie können für die eigene Reiseplanung herangezogen werden oder einfach nur in fremde Länder entführen.

Tobago

Reizvolle karibische Insel über und unter Wasser

von
A+K Weltenbummler

Bibliografische Information der Deutschen Nationalbibliothek:
Die Deutsche Nationalbibliothek verzeichnet diese Publikation
in der Deutschen Nationalbibliografie; detaillierte bibliografische
Daten sind im Internet über http://dnb.dnb.de abrufbar.

© 2015 A+K Weltenbummler

Herstellung und Verlag:
BoD – Books on Demand, Norderstedt

ISBN: 978-3-7392-2865-5

Klaus und ich feiern Anfang Juni diesen Jahres unseren 10. Hochzeitstag, deshalb sollte es ein ganz besonderer Urlaub in diesem Zeitraum werden. Als wir dann buchen wollten, war uns Klaus´ Kollege zuvor gekommen. So mussten wir unseren Urlaub auf Ende April verschieben. Vielleicht war das schon ein Zeichen dafür, dass wir diesen Urlaub lieber nicht gemacht hätten, aber dazu später im Bericht.

Wir haben schon ziemlich viel von unserer schönen Erde gesehen, doch in der Karibik waren wir noch nie, überhaupt noch nie über dem „großen Teich". Da es ein Tauchziel sein sollte, entschieden wir uns für die Karibik, doch welche der unzähligen Inseln soll es sein? Kuba? nein, die Domrep ist zu kommerziell, alle französischen Inseln fallen wegen der Sprachbarriere weg, in Jamaika ist das Tauchen nicht interessant genug, die ABC-Inseln sind eher holländisch als karibisch, die auch nicht. Jetzt hatte sich die Zahl der für uns interessanten Inseln schon sehr verringert. Der letzte ausschlaggebende Punkt war der Preis. Die meisten der übriggebliebenen Inseln sind viel zu teuer, so dass eigentlich nur noch Tobago übrig blieb. Wir hörten und lasen nur gute Kritiken über die Insel und ihre Tauchgründe. Es soll sogar Mantas dort geben, die wir bisher noch nie gesehen haben. Tobago liegt zusammen mit Trinidad vor der venezolanischen Küste. Die beiden Inseln bilden eine Republik, eine ziemlich reiche Republik, denn sie fördert Erdöl und Erdgas vom Meeresgrund. Deshalb sind die Leute dort auch nicht darauf angewiesen, den Touristen auf den Geist zu gehen. Das ist der große Vorteil. Man kann sich in Ruhe umsehen. Wenn man dann ein Anliegen hat, wird man sehr freundlich bedient, kauft man nichts, bekommt man ein freundliches Auf Wiedersehen mit auf den Weg. Die Einheimischen sind zurückhaltend, haben immer ein Lächeln auf den Lippen und sind mit ihrem Leben zufrieden. Durch die Hitze läuft allerdings alles sehr langsam ab, eilig hat es dort niemand, Stress ist ein Fremdwort.

Unsere Reiseleiterin Edith erzählte auf der Inselrundfahrt, dass die Arbeitslosigkeit auf Tobago bei drei bis vier Prozent liegt. So wie wir das festgestellt haben, jedoch zum größten Teil durch „Arbeitsbeschaffungsmaßnahmen". Das beste Beispiel dafür sind die Lebensmittelläden. Kommt jemand auf die Idee, einen Lebensmittelladen zu eröffnen, muss er noch zwei oder drei Leute haben, die ebenfalls einen eröffnen. Denn nicht in jedem Laden wird alles angeboten. Der eine Laden hat kein Wasser, der nächste kein Bier und der dritte kein Eis. Jeder Laden verkauft nur einen Teil des gesamten Angebotes, dafür liegen alle Läden dicht beisammen. So kann jeder etwas verdienen. Die Leute werden dadurch nicht reich, aber es reicht zum Leben. Dazu kommt der Familienzusammenhalt. Wenn jemand in finanzielle Bedrängnis gerät, wird er von der Familie aufgefangen. Da landet keiner auf der schiefen Bahn, wenn er das nicht will.

Der Durchschnittsverdienst am Tag liegt bei 8,- Tie-ties, so heißt die Währung auf Tobago. Das sind 1,23 Euro. 1,- Euro sind also 6,50 Tie-tie´s. Die Abkürzung Tie-Tie heißt vollständig Trinidad-Tobago-Dollar (TT$).

Viele Leute haben zwei Jobs, um über die Runden zu kommen oder den Tag sinnvoll zu verbringen. Der Besitzer eines Souvenirladens empfahl sich uns als Gästehausbesitzer. Er verdient sicher genug damit, setzt sich aber trotzdem in seinen Laden, um mit Menschen zusammenzukommen.

Die Lieblingsbeschäftigung der Tobagonians, wie sich die Einheimischen selbst bezeichnen, ist allerdings das Limen (sprich: Leimen), also das Rumhängen, das gemeinschaftliche Zusammensitzen.

Die Insel selbst ist sehr abwechslungsreich. Während der Norden gebirgig und mit Regenwald bedeckt ist, zum größten Teil unzugänglich, ist der Süden flach wie ein Brett, mit viel weniger Vegetation. Im Norden regnet es öfter und es ist sehr feucht, der Süden dagegen bleibt meist trocken.

Die meisten Touristen halten sich im Süden auf, vielleicht auch deshalb, weil sich dort der Flughafen befindet. Sie lernen den Norden höchstens im Rahmen einer Inselrundfahrt kennen, die man entweder organisiert buchen kann, oder man mietet sich ein Auto, das man an jeder Ecke bekommt.

Ach ja, noch etwas zu den Kennzeichen in Tobago. Das finden wir lustig. Es lässt sich anhand der Nummernschilder genau erkennen, was man vor sich hat. Die Nummern der Privatautos beginnen mit P wie privat: z.B. PXX 111. Die Nummern der Mietfahrzeuge fangen mit R wie rent (mieten) an, die der Taxis mit H wie hire (vermieten) und der erste Buchstabe bei den Pickups und Laster ist ein T wie Truck. So einfach ist das.

Wir haben das Glück, ein Reiseangebot erhalten zu haben, bei dem wir beide Seiten Tobagos gleichermaßen kennen lernen können. Wir buchten eine Woche Urlaub im Nordwesten und eine Woche Urlaub im Südosten.

Die Ostküste Tobagos wird vom Atlantik umspült, die Westküste dagegen von der Karibik. Optisch macht sich das auf der Insel nicht bemerkbar, die Gewässer haben eben nur zwei verschiedene Namen. Beim Tauchen spürt man jedoch Unterschiede. Der Atlantik ist strömungsreich und hat eine größere Vielfalt zu bieten. Die Karibik ist sanfter und ruhiger. Besonders viel Strömung gibt es dort, wo beide Meere aufeinander treffen. Da stößt man als Taucher schnell an seine Grenzen. Die Unterwasserwelt Tobagos ist sehr reich, auch dank der Nähe der Mündung des Orinoko in Venezuela, der viele Nährstoffe in Tobagos Gewässer spült. Deshalb kommen hier auch öfters Großfische wie Mantas und Walhaie vor.

Aber das allerbeste sind die Vögel. Tobago besitzt eine sehr artenreiche und geschützte Vogelwelt. Vom Kolibri bis zum Fregattvogel lassen sich an die zweihundert Arten bewundern, wenn man sie nur findet. Trotzdem erschließt sich dem Normalbürger eine Vielzahl verschiedener, teilweise sehr bunter Vögel. Es ist eine Augenweide, diese Tiere zu beobachten, so tropisch und exotisch wie sie sind. Es sind die Juwelen der Insel.

Jetzt möchte ich aber mit dem Urlaubsbericht beginnen.

Schon um 4.15 Uhr hieß es aufstehen. Vom Flughafen Hahn im Hunsrück brachte uns ein Shuttle zum Frankfurter Flughafen. Wir nahmen einen Bus früher, man weiß ja nie, ob man pünktlich ankommt.

Der Flug startete mit einer Stunde Verspätung und sollte neuneinhalb Stunden dauern. Dank unserer Nachbarin, die bei Condor arbeitet, bekamen wir zwei Plätze am Notausgang bei den Tragflächen und konnten uns dadurch etwas freier bewegen.

Allerdings sind das auch die kältesten Plätze, wie wir schnell feststellen mussten. Die Stewardessen stellten uns deshalb Decken zur Verfügung. Es hat eben alles seine zwei Seiten.

Anhand des Monitors ließ sich die Flugroute verfolgen. Wir überflogen Köln, Ostende, London (unter einer dicken Nebeldecke), die englische Südküste, die irische Südküste über Shannon, dann überquerten wir den Atlantik bis vor Neufundland, wo das Flugzeug nach Süden abdrehte. Das Beste daran war, dass es die ganze Strecke über Land so gut wie keine Wolken gab, und ich alles ganz genau sehen konnte. Komischerweise lag nur der Großraum London im dichten Nebel. Ob das irgendwie mit den geografischen Verhältnissen zusammenhängt? Keine Ahnung. Es war wirklich nur der Großraum London, der für seine vielen Nebel- und Regentage weltberühmt ist. Nach einem guten, aber langen Flug landete die Maschine in Crown Point, im Südwesten Tobagos. Nach Erledigung der Formalitäten stiegen wir in ein Shuttle zum Hotel Manta Lodge, das in Norden der Insel liegt.

Ankunft am Flughafen Crown Point

Nach eineinhalb Stunden kurvenreicher Fahrt kamen wir endlich in Speyside, im Norden Tobagos gelegen, an. Auf der Fahrt dorthin erinnert uns die Insel an Kenia. Die Häuser und die Landschaft ähneln sich sehr, nur dass uns hier auf Tobago alles viel niedlicher und sauberer vorkommt, selbst die Ziegen sind kleiner. Es gibt schmucke kleine Villen in freundlichen Farben. Zuerst fuhren wir den einzigen Highway vom Flughafen zur Hauptstadt Scarborough entlang. Danach weicht der Highway einer sehr kurvenreichen schmalen Straße, die sich meistens an der Küste entlang schlängelt. Auffallend ist der riesige Aufwand, mit dem diese Straße teilweise gebaut wurde. Eine herrliche Aussicht auf das blaue Meer jagt die nächste. Die eineinhalb Stunden vergingen wie im Flug, wenn uns nicht so heiß in den dicken Sachen gewesen wäre.

Das Hotel Manta Lodge liegt am Ende des Ortes Speyside, nur durch eine Straße vom Strand getrennt. Es ist kein Hotelkomplex, sondern offen in den Ort integriert. Manta Lodge ist ein kleines Hotel mit nur zweiundzwanzig Zimmern, genau das Richtige für uns.

Völlig erledigt meldeten wir uns an und bezogen das Zimmer, schön hell mit einem fantastischen Blick auf Palmen, blühende Büsche und das Meer. Unter dem Fenster befindet sich ein kleiner Pool.

Hotel "Manta Lodge" in Speyside

Zimmer

Pool

Aussicht vom Balkon

Strand von Speyside

Als allererstes stellten wir uns unter die Dusche und zogen etwas Leichteres an. Mann, ist das hier schweißtreibend! Dann war es schon Zeit für das Abendessen. Dabei trafen wir das österreichische Pärchen wieder, das wir im Flugzeug kennenlernten. Sie erzählten, dass sie schon vor vier Jahren einmal in dem Hotel waren und sich hier wohl fühlen. Da die beiden besser englisch sprechen als ich, nahmen wir uns vor, uns an sie zu halten. Außerdem wissen sie, wie hier alles abläuft.

Nach dem Abendbrot setzten wir uns noch mit ihnen an die Bar. Danach ging ich mit Klaus im Dunkeln an den Strand, um einen ersten Blick darauf zu werfen. Es ist finster und irgendwie unheimlich dort.

Um 21 Uhr fielen wir beide ins Bett. Es war ein langer und anstrengender Tag, zu dem durch die Zeitverschiebung noch zusätzliche sechs Stunden kamen. Wir schwitzten die ganze Nacht, denn die Luft kühlte sich nicht ab. Die Ventilatoren an der Decke und auf dem Boden rotierten die ganze Nacht, die Balkontüre stand offen, trotzdem lief der Schweiß, außerdem rauscht das Meer unheimlich laut. So laut kam mir das bis jetzt noch nirgends vor. Die Gäste waren laut, die Angestellten waren laut, bis tief in die Nacht und früh am Morgen wieder. Ich schlief so gut wie gar nicht. Klaus dagegen bekam von alledem nichts mit.

Da an Schlaf sowieso nicht mehr zu denken war, standen wir schon gegen Sieben auf. Nach einem gemütlichen Frühstück, das Buffet ist nicht gerade aufregend, trafen wir uns um 9 Uhr mit unserer Reiseleiterin Edith. Sie erklärte, wie hier alles abläuft und was uns für Möglichkeiten an Ausflügen zur Verfügung stehen. Wir buchten gleich eine Inselrundfahrt und eine Fahrt zur Vogelinsel Little Tobago, die vor dem Hotel in der Bucht liegt. In der verbleibenden Zeit wollten wir tauchen, denn wir hatten sechs Tauchgänge über dieses Hotel gebucht.

Im Anschluss an diese Besprechung wollten wir baden gehen. Mir wäre der Pool recht gewesen, die Hitze war jetzt schon drückend und schweißtreibend, doch Klaus wollte ins Meer. Die Küste ist von Steinen übersät, man kommt kaum ins Wasser. Klaus zog sich aus, ging ins Wasser und wollte baden. Gleich darauf kam er fluchend wieder heraus. Er hatte sich den Zeigefinger bis auf den Knochen aufgeschnitten. Das darf nicht wahr sein, der Urlaub hat kaum angefangen.

Wir sind gleich zum Hotel zurück, um Hilfe zu holen. Die Dame an der Rezeption leistete erste Hilfe und rief ein Taxi. In der Nähe gibt es keinen Arzt, der solche Wunden versorgen kann, also mussten wir nach Scarborough zurück ins Krankenhaus.

Das Taxi kam schnell. Der Fahrer war der Rastamann Kenneth. Den kennt wohl die ganze Insel, denn jeder grüßte ihn.

Im Affenzahn fuhr Kenneth die ganze Strecke, die wir am Tag vorher gekommen waren, wieder zurück. Das Krankenhaus liegt auf einem Hügel über Scarborough. Kenneth meldete uns dort an. Da aber

alle nur englisch sprechen und ich nicht so viel Englisch kann, um mich verständlich zu machen oder zu verstehen, was die Leute in ihrem Akzent sagen, bat ich Kenneth, im Hotel anzurufen, damit Edith dazu kommt. Nach einer Weile kam dann die Antwort, dass Edith unterwegs ist. Kurz darauf traf sie auch schon ein. Wir erklärten ihr, was passiert ist und wollten wissen, wie es nun weitergeht. Sie unterhielt sich mit dem

Personal und meinte, dass der Doktor noch ein Paar Notfälle hätte und Klaus danach an die Reihe kommen würde. Edith musste weiter und verabschiedete sich. Wir warteten jedoch viereinhalb Stunden, bis es endlich soweit war. Zwischendurch fragte ich immer wieder nach, wo das Problem liegt, was ist, wenn sich Klaus´ Finger infiziert, aber jeder gab mir eine andere Antwort. Inzwischen machten immer mehr Leute vom Personal Feierabend und die Patienten saßen unbeachtet im Warteraum, dann tat sich eineinhalb Stunden gar nichts mehr. Wie sich herausstellte, war Schichtwechsel. Wenn der neue Arzt da ist, wird es weitergehen. Kenneth wartete geduldig auf uns, wofür er auch sehr gutes Geld von uns bekam, sozusagen ein Vermögen gegenüber dem Verdienst anderer Tobagonians. Ich hatte Edith gefragt, was solch eine Taxifahrt normalerweise kostet. Sie meinte, dass die Forderung von immerhin gut 60,- Euro okay ist. Taxifahrer würden sehr gut verdienen.
Inzwischen war es nachmittags halb fünf und Kenneth´ Frau kam vorbei. Sie hatte wohl Feierabend und nutzte die Gelegenheit, mit uns nach Hause zu fahren. Wenn es nur nicht mehr so lange dauert!?
Endlich wurde Klaus aufgerufen. Jetzt rächte es sich, dass wir seit dem Frühstück nichts mehr gegessen haben. Die Betäubung ließ seinen Kreislauf zusammenbrechen. Ich ging schnell ein paar Bananen kaufen und gab ihm eine davon. Der Arzt hing Klaus zudem an den Tropf mit einem kreislaufstabilisierenden Mittel. Klaus erholte sich schnell wieder, dann wurde die Wunde gesäubert und genäht. Der Doktor machte seine Arbeit wohl sehr gut, wenn auch von einem sterilen Umfeld nicht die Rede sein kann. Klaus lag in einem Kabüffchen mit einer hohen offenen Westerntür, in dem Gang davor kann jeder ein- und ausgehen. Der Doktor war sehr freundlich und entschuldigte sich ein paar Mal, dass wir so lange warten mussten.
Nach einer dreiviertel Stunde Behandlung konnten wir endlich wieder nach Speyside zurück fahren. Vorher besorgten wir Medikamente in einer Apotheke in der Nähe des Krankenhauses.
Damit wir das Geld für die Taxifahrt und die Medikamente von der Versicherung wiederbekommen, fragten wir den Arzt nach einer Bestätigung für die Behandlung. Er meinte, die sollten wir uns morgen früh irgendwo im Krankenhaus abholen, heute wäre wohl schon geschlossen. Na, das wird ja immer besser. Wie sollen wir denn morgen schon wieder hierher kommen? Das hieße, dass wir wieder nicht tauchen können. Deshalb baten wir Edith, uns die Bestätigung zu besorgen. Sie ist sowieso immer dort in der Nähe.
Als wir in Speyside ankamen, wurde es schon langsam dunkel. Das war ein verrückter Tag. Eigentlich hatten wir uns für den Nachmittagstauchgang angemeldet, den wir leider nach dem Unfall absagen mussten. Die anderen, die gefahren waren, berichteten von kleinen Mantas, die sie sahen. Wir waren nicht dabei und ärgerten uns mächtig.
Es war fast Abendbrotzeit. Bis dahin trösteten wir uns mit einem Trinidad und Tobago-Rum. Ich war so müde, dass ich während des Essens fast eingeschlafen wäre. Vom Strand her drang heute Abend ein Froschkonzert zum Hotel herüber. Den Stimmen nach müssen das riesen Viecher sein.

Heute Nacht schlief ich etwas besser, trotzdem hieß es wieder früh aufstehen. Da wir etwas früher zum Frühstück eintrafen, bot das Buffet noch genug Auswahl, sogar Melone. Trotzdem fand ich das Buffet sehr spartanisch, das Eier, warmen Wurstsalat, Speck, Toast, Cornflakes, Butter, Marmelade, eine Obstplatte und Getränke bietet.

Endlich wollen wir mit zum Tauchen fahren. Klaus zog sich einen Erste-Hilfe-Handschuh über, um die Wunde zu schützen, aber der Handschuh hielt von zwölf bis Mittag und versagte seinen Dienst noch vor dem ersten Tauchgang.

Wir warteten im Hotel, dass es losging. Da sich immer noch mehr Leute meldeten, die mitfahren wollen, wurde es etwas später, denn es musste auch noch das zweite Boot geordert werden.

Endlich, gegen 9.30 Uhr wurde der Pick-up mit der Tauchausrüstung beladen, während wir in die anderen Autos stiegen. Etwa einen Kilometer weiter stoppten wir am Anleger eines der benachbarten Strände in Speyside. Dort zogen wir unsere Anzüge halb an und verstauten den Rest der Ausrüstung auf den Booten. Es ist drückend heiß und ich hatte eine Autofahrerpille genommen, doch ich merkte schon jetzt, dass die nicht ausreicht und nahm noch eine zweite.

Das Boot fuhr mit uns vielleicht zehn Minuten zur St. Giles-Insel im Norden. Nördlich davon liegt eine weitere kleine Insel. Die Inseln sind alles Felseninseln, ziemlich hoch und ziemlich schroff. Auch unter Wasser gibt es Felsen, so dass das Gebiet daher ein sehr gefährliches Gewässer für Schiffe ist.

Unmengen von Fregattvögeln, Tölpeln, Möwen und Vögel, die ich nicht kenne, hatten sich auf vielen Felsen niedergelassen. Endlich konnte ich Fregattvögel in freier Wildbahn beobachten. Sie beeindruckten mich im Fernsehen immer wieder. Es sind sehr elegante, schlanke Flieger. Eigentlich kennt man deren Männchen nur mit einem roten Kehlsack, hier haben sie weiße. Die Kehlsäcke färben sich nur in der Paarungszeit rot, klärte man uns auf.

Auf dem Boot ging es eng zu und trotz der zwei Pillen war mir leicht übel. Die Hitze ist wohl der Hauptübeltäter. Klaus musste meine Arbeit mitmachen, denn ich durfte mich kaum bewegen.

die Bucht von Speyside

Blick nach Little Tobago

felsige Küsten und Inseln

Seevogelparadies

Als alle fertig waren, setzten wir uns auf den Rand des Bootes. Auf Kommando machten wir alle zusammen eine Rolle rückwärts ins Wasser und tauchten sofort ab. Hier auf Tobago ist alles neu für uns. Es ist das erste Mal, dass wir mit Aluflaschen tauchen. Da wir von den Aluflaschen keine Ahnung haben und die viel mehr Auftrieb als Stahlflaschen besitzen, hatten wir zu wenig Blei dabei und damit Schwierigkeiten, abzutauchen. Bei unseren bisherigen Tauchgängen sammelten wir uns erst an der Wasseroberfläche und tauchten dann nach einem Okay ab. Hier mussten wir ins Wasser springen und gleich abtauchen. Es muss also von vornherein alles sitzen und passen. Das ist wohl so, weil hier fast alle Tauchgänge Strömungstauchgänge sind. Wenn man sich erst lange an der Oberfläche aufhält, ist man unter Umständen schon am Tauchgebiet vorbeigetrieben, bevor man unten ist.
Die Sicht ist gut und die Korallen und Fische sind sehr verschieden und sehr zahlreich. Manche Fischarten sind wesentlich größer, als wir sie bisher kannten. Vielleicht haben sie hier die besten Bedingungen, vielleicht fischt man auch nicht so viel, so dass sie die Chance haben, groß zu werden. Selbst manche Korallen nehmen hier riesige Ausmaße an. Wir sahen verschiedene Arten von Kaiserfischen, Trompetenfische, einen Kugelfisch, Husarenfische, eine riesige Languste und viele Unbekannte.

wie im Aquarium

Diadem-Kaiserfisch

Grauer Kaiserfisch

Trompetenfisch

karibische Languste

Weichkoralle

Nach einer knappen dreiviertel Stunde tauchten wir wieder auf. Durch die Strömung ist der Luftverbrauch höher und der Tauchgang muss früher abgebrochen werden. Das Boot schaukelte und als ich wieder an Bord war, wurde mir noch mehr schlecht. Ich setzte mich in eine Ecke und rührte mich nicht mehr. Inzwischen verteilte der Bootsführer Wasser, Brot und Kekse, während wir Vögel beobachteten. So verbrachten wir die einstündige Oberflächenpause.

Oberflächenpause   zurück nach Speyside

Dann fuhren wir ein Stück weiter zur London Bridge, so heißt der dortige Felsen. Der heißt so, weil es eigentlich ein Felsbogen ist. Die Öffnung setzt sich unter Wasser fort und es gilt als Highlight, dort hindurch zu tauchen, wenn die Strömung es zulässt, ansonsten geht es außen herum.

Jetzt hieß es, alles wieder anziehen, auf die Bordwand setzen und ab ins Wasser. Ich war allerdings noch nicht ganz so weit und sprang nur einen Moment zu spät über Bord und schon hatten wir die nächste Katastrophe. Während ich noch immer schnell meine Sachen an der Oberfläche ordnete, tauchte Klaus neben mir auf und meinte, dass sich dieser Tauchgang erledigt hat. Ich fragte warum und bekam zur Antwort, dass ich ihm meine Flasche über den Kopf gezogen hätte. Da prangt jetzt eine Platzwunde. Das darf doch nicht wahr sein! Ich war untröstlich. Wir stiegen ins Boot zurück und der Skipper begutachtete die Wunde und desinfizierte sie gleich. Die Schwere der Verwundung ließ sich noch nicht ganz beurteilen, aber sie blutete nicht mehr so stark.

Als die anderen zurückkamen, fuhren wir ins Hotel zurück. Dort versorgte man die Wunde noch einmal. Eine andere Urlauberin meinte, sie würde die Wunde nähen lassen. Sie sei Ärztin und würde es machen, habe aber keine Utensilien dabei. Also, nach dem gestrigen Tag schon wieder ins Krankenhaus fahren? Nicht, wenn es sich vermeiden lässt. Ich sah mir die Wunde jetzt auch etwas genauer an und stellte fest, dass es nur ein kleines Loch ist, welches tiefer in die Haut geht. Wenn wir die Wunde gut versorgen, wird es nicht nötig sein, sie nähen zu lassen. Für morgen hatten wir die Inselrundfahrt gebucht, da hat die Wunde Zeit zum heilen. Na, das ist ja ein schöner Urlaub.

Wir ruhten uns noch eine Weile am Pool aus und unterhielten uns mit den anderen. Außer den beiden Österreichern hält sich ein Pärchen aus Düsseldorf im Hotel auf. Wir erfuhren, dass er Kriminalbeamter ist und ursprünglich aus Schwerin kommt. Zur Zeit des Mauerbaus ist er in den Westen gezogen. Sie sind ebenfalls Taucher.

Am Nachmittag ließen wir Klaus´ Wunde noch einmal versorgen, dann starteten wir zu einem kurzen Spaziergang durch Speyside. Es gibt viele Gästehäuser, Restaurants und ein paar Hütten mit Lebensmittelgeschäften darin, dazwischen die mehr oder weniger attraktiven Häuschen und Hütten der Einwohner. Jeder, der gerade nichts zu tun hat oder auf Kundschaft wartet, limet (verdeutscht: leimt). Das ist der karibische Ausdruck dafür, einfach nur rumzusitzen, spazieren zu gehen und sich zu unterhalten. Auf dem Rückweg kauften wir drei Flaschen Trinkwasser. Das ist im Laden halb so teuer wie im Hotel. Dort wieder angekommen, legte ich Klaus´ Wunde frei, indem ich die Haare rundherum abschnitt, damit wir ein Pflaster darauf kleben können. Vorher sollte sie jedoch noch etwas trocknen. Die Zeit bis zum Abendbrot verbrachten wir auf dem Balkon. Ich schrieb Tagebuch für die letzten Tage, denn bisher hatte ich noch keine Lust dafür gehabt, und Klaus suchte sich aus der Hotelbibliothek etwas zu Lesen aus. Im Pool erhielt ein englisches Pärchen gerade Tauchunterricht. Seit drei Stunden waren sie schon beim Unterricht. Das wird hier aber wirklich gründlich gemacht.

Als die Sonne gegen 18 Uhr untergegangen war, wurden die Temperaturen etwas erträglicher. Ich weiß nicht, wir haben sonst nie Schwierigkeiten mit Hitze, aber hier ist jedes Kleidungsstück absolut zu viel. Der Schweiß rinnt nur so in Strömen. Die 38°C in Kenia waren nicht annähernd so schweißtreibend wie die 30°C hier auf Tobago.

Vor dem Abendbrot war Klaus´ Wunde soweit abgetrocknet, dass ich ein Pflaster darauf kleben konnte.

Auch heute fiel mir das Essen wieder schwer. Ich schaffe immer nur die halbe Portion, esse weder Vorsuppe noch Dessert. Heute gab es fliegenden Fisch mit Oregano-Kartoffeln. Klaus ließ sich als Vorsuppe eine Callaloo-Suppe schmecken. Er meinte, es ist irgendwie eine Mischung aus Spinat und Spargel. Das Essen schmeckt, da kann man wirklich nichts sagen.

Nach dem Essen suchten wir noch einmal kurz den Strand auf, was schnell zum abendlichen Ritual wurde, bevor wir zu Bett gingen. Die Frösche quakten wieder lautstark und in einem nahegelegenen Busch hatten sich drei Reiher ihren Schlafplatz gesucht. Ihre weißen Federn leuchten im Dunkel. Ich war zum Umfallen müde.

Heute steht die Inselrundfahrt auf dem Plan. Wir standen eine halbe Stunde später als sonst auf, gingen frühstücken und bereiteten uns auf die Tour vor. Um 9 Uhr holte uns Edith mit ihrem Auto ab, in dem schon ein deutsches Pärchen und ein einzelner deutscher Mann saßen, womit wir dann vollzählig waren.

Das erste Ziel der Rundfahrt war der Argyl-Wasserfall bei Roxborough. Nach dem Abstellen des Autos auf dem Parkplatz gingen wir zu Fuß weiter. Das ganze Gebiet war im 18. Jahrhundert eine Zuckerrohrplantage. Damals schufteten elftausend Sklaven auf den Feldern Tobagos. Als sich das nicht mehr rentierte, stieg man auf Kakao um. Hier bekamen wir das erste Mal Kakaobäume zu Gesicht. An einem Baum lassen sich alle Reifestadien der Früchte beobachten. Grüne Früchte sind noch nicht reif, werden aber gern von den Papageien angefressen und sind somit nicht mehr verwertbar. Gelbe Früchte sind ernteraif und gut für die Verarbeitung, braune Früchte sind überreif und ebenfalls nicht mehr verwertbar. Überall stehen riesige Kakaobäume herum, um die sich aber offensichtlich niemand mehr richtig kümmert.

Etwas weiter liegt am Wegrand ein Stück alte, große Stahlschüssel aus der Zeit der Zuckerrohrplantagen. Darauf hatte jemand für Anschauungszwecke geöffnete Kakaoschoten und einzelne Kakaobohnen gelegt, die roh jedoch kaum einen Wert für den Verzehr haben.

Lobby der Manta Lodge

Kakaobaum

Kakaoschoten

tropische Vegetation

der Bach führt zum Wasserfall

heiß und feucht, der Regenwald

Der Wald bietet außerdem Tamarinden, deren Früchte ebenfalls genießbar sind und oft zu Süßigkeiten verarbeitet werden, riesige Bambusbüsche, Brotnüsse, exotische Kirschen und Pflaumen sowie Taro, woraus das tobagonische Nationalgericht Callaloo zubereitet wird, sowohl aus den Blättern als auch aus den Wurzeln. Dazu wachsen eine Unmenge anderer Pflanzen. Das ist wohl schon der Regenwald, denn auch Bromelien und Tillandsien fühlen sich hier wohl. Dazu findet man viele Tiere wie große Eidechsen mit leuchtend grünem Kopf, Mot-Mots (Vogelart), Reiher und etliche andere Vögel. Mittelgroße Papageien konnten wir nur aus der Ferne auf einem Baum ausmachen. Die sind zu scheu.
Auf halbem Weg haben Einheimische ein Picknick-Lager aufgebaut, in dem sie auch Souvenirs verkaufen, zum größten Teil aus Bambus hergestellt.

Ameive   Rotkappenspecht

Das letzte Stück des Weges ist ziemlich unwegsam und wir mussten etwas klettern, dann hatten wir den Wasserfall vor uns. Jetzt, so kurz vor der Regenzeit, führt er nicht viel Wasser und ist daher recht unattraktiv. Ganz unten hat sich ein Pool gebildet, in dem man normalerweise baden kann. Vor kurzem feierten hier jedoch Einheimische eine Party und ließen zerbrochenes Glas im Pool zurück. Da es schon mehrere Unfälle gegeben hat, ist das Baden bis auf weiteres verboten. So begnügten wir uns damit, wenigstens unsere Füße zu kühlen. Dann machten wir uns wieder auf den Rückweg, überall begegneten uns Tiere.

Brotnuss

Argyle-Wasserfall

Als nächste Station fuhren wir das Fort King George in Scarborough an, direkt neben dem Krankenhaus.

Fort King George in Scarborough

im Fort

Blick vom Fort

Ruine eines alten Gebäudes

Bummeln in Scarborough

Das Fort bauten die Engländer Ende des 18. Jahrhunderts. Heute wird es restauriert und in Kürze einer neuen Nutzung übergeben. Von hier hat man eine schöne Aussicht auf die atlantische Küste und Scarborough.

Durch die Hitze sind wir inzwischen nassgeschwitzt. Gott sei Dank haben wir ein kleines Handtuch mitgenommen, um uns hin und wieder zu trocknen. Edith hatte Getränke eingepackt, so dass wir unseren Flüssigkeitsverlust wenigstens zum Teil wieder auffüllen konnten. Sie erzählte, dass selbst die Einheimischen derzeit schwitzen. So kurz vor der Regenzeit ist es wohl besonders schweißtreibend. Das tröstete uns wenigstens ein bisschen. Selbst die Einheimischen gehen im Moment nicht ohne ihr kleines Handtuch vor die Tür. Nach dieser Information fiel uns auf, dass tatsächlich fast jeder ein Tuch mit sich herum trägt. Instinktiv hatte Klaus das Richtige empfohlen, als er meinte, ein Handtuch für die Tour einzupacken. Das brauchten wir aber auch dringend.

Bevor wir das dritte Ziel der Inselrundfahrt ansteuerten, Store Bay im Südwesten, baten Klaus und ich Edith noch einmal, nach der Bestätigung für Klaus´ Krankenhausbehandlung zu fragen, da wir schon einmal hier sind. Edith kam nach einer Weile ohne Erfolg zurück. Die Bestätigung könnte nur der Doktor ausfüllen und der ist gerade nicht da.

In Store Bay nahmen wir unser Mittagessen ein. Zur Wahl standen Geflügel und Fisch. Wir entschieden uns für Fisch, und zwar für Kingfish, eine Art Makrele, die ähnlich wie Schwertfisch schmeckt. Als Beilagen komplettierten Polenta, Reis und Callaloo den Fisch, dazu ein Getränk.

Wir aßen in einer großen überdachten Essecke und konnten den weißen Strand schon sehen, den wir gleich nach dem Essen aufsuchten. Es ist ein herrlich weißer Strand, nicht zu groß, aber mit herrlich sauberem Wasser. Hier lädt der Strand richtig zum Baden ein, anders als in Speyside, mit den Steinen überall. Die Liegen und Sonnenschirme muss man allerdings mieten, sonst gibt es keinen Schatten.

Hinter dem Strand befinden sich die Restaurants und Souvenirstände sowie die Umkleideräume und Toiletten. Store Bay ist ein staatlicher Strand und man muss für die Benutzung der Einrichtungen zahlen, erklärte man uns. Da wir alle einmal auf

Toilette mussten, bezahlten wir den einen Tie-tie, das sind umgerechnet 15 cent. Die Anlagen sind alle sauber und gepflegt.

Imbissecke in Store Bay

Store Bay im Südwesten Tobagos

Frisch gestärkt fuhren wir nach Sandy Point, wo uns Edith das Hotel zeigte, in welchem wir in der zweiten Urlaubswoche auf Tobago wohnen werden. Dann fuhren wir auf der karibischen Seite Richtung Norden weiter, vorbei an Buccoo Bay, dem Strand, den jeder gesehen haben muss. Leider besichtigten wir diesen Strand nicht, so dass wir irgendwann noch einmal allein hierher kommen müssen. In der Gegend steht auch eine Villa von Harrison Ford, mit einem 18-Loch-Golfplatz und Palmen davor.

Das nächste Ziel der Rundfahrt sollte die Küste von Plymouth sein, aber die Einheimischen hielten auf dem Weg dorthin eine Prozession ab, so dass uns der Weg versperrt war. Die Küste von Plymouth zeichnet sich wohl durch viele malerische Felsklippen im Wasser aus. Als Entschädigung für das entgangene Erlebnis fuhr Edith mit uns nach King Peters Bay. Einsam und ziemlich weit weg von allem liegt über der Bucht ein Hotel gehobener Klasse. Dort wohnt ein mittelgroßer grüner Papagei. Leider war er im Käfig eingesperrt, obwohl er sonst meist nur an einer Leine außerhalb des Käfigs sitzen soll. Das Hotel hält jedoch eine weitere Attraktion bereit. Überall hängen Vogeltränken mit Zuckerlösung, an denen sich Kolibris gütlich tun, aber auch die hübschen Bananaquits halten sich hier auf. Wir beobachteten die Vögel eine ganze Weile und konnten uns kaum trennen.

Irgendwann stiegen wir dann etliche Stufen zum Strand hinunter, wo sich die Bar und der Pool des Hotels befinden. Dieser Strand ist ebenfalls gut zum Baden geeignet. Das Hotel liegt aber soweit abgelegen, dass man ohne Mietwagen hier nicht weg kommt.

Kalebassen-Baum

Kolibri an der Vogeltränke

Auf dem Weg nach Castara Bay hielten wir an einem riesigen Baum mit Brettwurzeln an. So etwas kennen wir bisher auch nur aus dem Fernsehen. Wir stiegen aus und erfuhren, dass dieser Baum ein Silk Cotton Tree, ein Seiden Baumwoll Baum ist. Seine Früchte bilden eine Baumwolle aus, die weich und zart wie Seide ist. Dieser Baum hier ist zweihundert Jahre alt. Da es nicht mehr viele Bäume dieser Art gibt, sind sie geschützt. Die Einheimischen glauben, dass in diesen Bäumen Geister wohnen. An den Brettwurzeln sitzen unzählige kleine und große Dornen. Klaus sammelte zwei Stacheln am Boden auf, die wir als Souvenir behalten wollten. Wenn man die Dornen vom Baum abbricht, bekommt man Ärger mit den Geistern, den man nur durch ein bestimmtes Ritual, das man sofort ausführen muss, abwenden kann.

Silk Cotton Tree

mächtige Brettwurzeln

Bromelien

große Dornen an den Brettwurzeln

Ein Stück der Straße weiter folgend, erklommen wir einen Hügel und hatten von dort einen herrlichen Blick auf die Bucht von Castara, die karibische Küste entlang und nach Pigeon Point im Süden. Am Fuße des Hügels spielten ein paar Jugendliche Cricket, fühlten sich aber durch uns gestört und räumten das Feld. Cricket, das englische Ballspiel, wird auf Tobago oft gespielt.

Castara Bay Richtung Pigeon Point

Blick Richtung Norden

Cashewnuss

Wespennest

Auf dem Hügel stehen Cashewbäume, ja die Bäume, von denen die Cashewnüsse stammen. Edith erklärte dazu, dass am unteren Teil der Frucht die Nuss hängt. Um an die Nuss zu gelangen, muss zuerst die Schale entfernt werden. Dann wird die Nuss immer noch von einer Haut, die ätherisches Öl enthält, geschützt. Da das Öl schwere Magenprobleme verursacht, muss die Haut also auch noch entfernt werden. Das alles geschieht in Handarbeit. Zuletzt muss die Nuss noch gewaschen werden, um die letzten Reste des Öls zu entfernen. Diese ganze Prozedur macht die Cashewnüsse so teuer.

In demselben Baum, der uns als Anschauungsobjekt diente, fand Klaus ein Wespennest. Gleich nördlich von Castara Bay liegt die Englishman´s Bay, ein Geheimtipp, klein aber fein. Nachdem wir uns die Bucht von oben angesehen hatten, schlug Edith vor, an den Strand zu fahren und dort einen Espresso zu trinken. Der Vorschlag wurde einstimmig angenommen und so fuhren wir hinunter. Leider wird die Café-Bude gerade abgerissen und eine etwas größere gleichzeitig drum herum gebaut. So kann man das natürlich auch machen. Nebenan bieten Souvenirhändler ihre Waren an: Schalen, Vasen, Masken, Windspiele, Vogeltränken oder -futterstellen aus Bambus, Tücher und Schmuck. Wir gingen aber erst einmal unsere Füße im Wasser kühlen, was eine wirkliche Wohltat war. Unsere Klamotten am Körper konnten wir inzwischen auswringen.

Geheimtipp Englishman´s Bay

Regenwald

alte Zuckerfabrik ist heute Restaurant

Fast am Ende der Straße gelangt man zur Parlatuvier Bay, die auch sehr hübsch ist und einen natürlichen Hafen besitzt.

An der Bloody Bay bogen wir nach Osten in den Regenwald ab. Hier führt nur noch ein Fußweg zum nächsten Ort, dann ist Schluss. Die Bucht heißt Bloody Bay, weil hier im 18. oder 19. Jahrhundert die Engländer, die die Insel zu der Zeit im Besitz hatten, gegen die vom Meer aus angreifenden Franzosen und Holländer kämpften. Die Engländer gewannen, doch die Bucht war anschließend voller Leichen und das Wasser rot von Blut. Es muss furchtbar gewesen sein. So erzählte man es uns.

Der Regenwald, durch den wir jetzt fahren, ist der älteste Naturschutzpark der Karibik. Den gibt es schon seit der Mitte des 18. Jahrhunderts. Hier darf nichts verändert werden. Fahrzeuge dürfen nur die einzige befestigte Straße befahren, die durch den Regenwald führt. Es darf nichts abgebrochen, gefällt oder mitgenommen werden. Die Ranger passen sehr darauf auf. Die Strafen bei Zuwiderhandlung sind hart.

Die Regenwaldstraße trifft im Osten bei Roxborough wieder auf die Küste. Von dort fuhren wir zur Manta Lodge zurück. Es war schon eine schöne Tour, vor allem mit deutscher Reiseleitung, aber mit 80,- US$ pro Person weit überbezahlt. Man kann diese Tour auch bei einheimischen Anbietern buchen, zum Beispiel bei Kenneth, unserem Taxifahrer vom ersten Tag, aber erstens gibt es sie dort nicht billiger und zweitens können wir nicht so viel Englisch, dass wir alles verstehen würden. Uns kam jedoch zu Ohren, dass bei ihnen die Touren doch einiges interessanter wären.

Bis zum Abendbrot blieb gerade noch Zeit für eine ausgiebige Dusche. Vielleicht weil heute Samstag ist, sind die Tische im Restaurant sehr schön gedeckt. Heute wollen auch alle Hotelgäste hier essen. Meistens sind wir fast die einzigen Gäste, die ihr Abendmenü hier einnehmen. Die meisten haben nur Frühstück gebucht und gehen abends auswärts essen. Dafür ließ das Essen heute auch fast eine Stunde auf sich warten, aber es war das beste Essen, das bisher auf dem Tisch stand, Scampis mit Reis und Mischgemüse. Zum ersten Mal in diesem Urlaub schaffte ich meine ganze Portion und noch ein Dessert dazu, Götterspeise mit Mango und Melone.

Um 21 Uhr gingen wir auf unser Zimmer und läuteten die Nachtruhe ein. Das schweißtreibende Klima macht unendlich müde.

Wie inzwischen gewohnt, standen wir gegen 7 Uhr auf. Denn es ist immer noch so, dass der, der zu spät kommt, sich mit den Resten am Frühstücksbuffet begnügen muss. Das nennt sich nun Urlaub.

Endlich wieder ein Tauchtag. Vielleicht läuft ja heute einmal alles glatt, ohne Verletzungen und so, doch als es losgehen sollte, kam ein ordentlicher Wolkenbruch herunter. Nichts desto trotz wurde die Ausrüstung ins Boot geladen und es ging los. Pitschnass stiegen wir in die Tauchanzüge. Igitt, ist das eklig! Heute bin ich froh, einen Anzug anzuziehen, denn der Regen ist recht kalt.

Dann startete das Boot nach Little Tobago. Zuerst fuhren wir den Tauchplatz Picar an. Den zweiten Tauchgang absolvierten wir nach einer einstündigen Oberflächenpause in der Nähe. Durch das Wetter ließen sich heute kaum Vögel sehen, dafür bot sich unter

Wasser viel Abwechslung. Wir begegneten Barrakudas, zwei Ammenhaien, einer Schildkröte, einer flüchtenden Grünen Muräne und den schönen, großen Kaiserfischen, dazu einem riesigen Stachelrochen. Das alles und noch viel mehr tummelt sich in den schönsten Korallengärten. Es ist herrlich. Teilweise war die Strömung jedoch so heftig, dass wir unsere Route ändern mussten. Es ging heute auch alles ohne Unfall oder sonstige Katastrophen ab. Zur Oberflächenpause ließ sich sogar die Sonne wieder blicken.

Ammenhai

Tonnenschwamm   Koralle

Stachelrochen   immer neue Korallenarten

25

Karettschildkröte

versteckte Langusten

Franzosen-Kaiserfisch

in Speyside

Gegen 13 Uhr fuhren wir nach Speyside zurück und sprangen, nachdem wir die Tauchausrüstung versorgt hatten, mit einem Dekobier in der Hand in den Pool.
Da es gerade nicht so warm war, entschlossen wir uns anschließend, dem benachbarten Hotel Blue Waters Inn einen Besuch abzustatten. Wir hatten erfahren, dass sich dort die Nationalvögel Tobagos, die Cocricos, aufhalten sollen. Die würden wir gern sehen. So steckten wir eine große Flasche Wasser ein und gingen los.

Ruinen einer Zuckerfabrik

verrostete Technik

es muss eine große Anlage gewesen sein

mit eigenem Strand

Nahrungsbeschaffung - Kokosnüsse

Zuerst kamen wir an den Ruinen einer alten Zuckerfabrik vorbei. Diese Fabrik mit Wohnhaus muss wohl ziemlich groß gewesen sein. Das große Wasserrad ragt noch heute als Erinnerung an dunkle Zeiten in den Himmel.

Hinter den Ruinen führt die Straße einen Berg hinauf. Es ist ganz schön anstrengend, diese Steigung zu bewältigen, obwohl sich schon wieder hier und da Wolken vor die Sonne schoben. Oben angekommen, zeigt eine Kanone auf die Einfahrt zur Bucht. Von hier hat man einen schönen Blick auf Speyside und Little Tobago. Dazwischen liegt noch eine kleine Insel, Goat Island, auf der sich ein Privatmann sein Haus gebaut hat. Überall sind Klippen im Wasser auszumachen, liebe Seeleute, passt bloß auf.

Auf der anderen Seite der Anhöhe geht es bergab zum Blue Waters Inn. Es ist ein sehr ruhiges Hotel mit vierundvierzig Zimmern, abseits der Zivilisation, so dass auch hier ein Mietwagen von Vorteil ist. Dafür hat das Hotel einen schönen Strand mit Schatten und einen Bootssteg. Cocricos, die Nationalvögel, konnten wir nicht finden, dafür Tauben und Strandläufer. Dann trollten wir uns langsam den gleichen Weg zur Manta Lodge zurück, da kein anderer Weg verfügbar ist.

Strand des Blue Waters Inn

traumhafte Aussichten

Goat Island, dahinter Little Tobago

Blick über Speyside

Die restlichen Stunden bis zum Abendessen dösten wir am Pool. Zum Abendessen bot das Hotel heute Lobster, also karibische Languste, an. Als wir den Lobster bestellen wollten, machte uns die Kellnerin darauf aufmerksam, dass wir die Hälfte des Preises selbst zahlen müssten, da Lobster nicht Bestandteil der gebuchten Halbpension ist. Das sind für jeden immerhin 14,- Euro, eine ganze Stange Geld für die Hälfte eines Gerichtes. Dafür erwarteten wir aber auch einen halbaufgeschnittenen, saftigen Lobster. Als das Essen endlich kam, suchte ich zuerst vergebens die Leckerei, bis Klaus meinte, das Ragout auf unserem Teller sei der Lobster. Ich sah genauer hin und tatsächlich, das gute Fleisch war ausgelöst, klein geschnitten und dann auch noch mit Gemüse durchsetzt. Na, das ist ja ein schöner Reinfall, da hätten wir doch lieber Fleisch gegessen.

Um das zu verdauen, setzten wir uns nach dem Essen noch etwas an den Strand, nachdem wir auf Krabbensuche waren, denn wir hatten am Nachmittag schon welche gesichtet. Sie sind aber viel zu scheu, um sie richtig zu beobachten.

Ich konnte wieder kaum schlafen, wie schon die Nächte vorher, so dass ich morgens wie gerädert aufstehe. Klaus stört das alles nicht, er schläft wie ein Murmeltier.

Es war bewölkt, als wir zum Tauchen fuhren. So ist es nicht ganz so heiß, besonders wenn man in den Anzug steigt. Das heutige Tauchziel liegt nördlich von Little Tobago. Der erste Tauchplatz heißt „die Alpen". Dieser Name beschreibt ziemlich genau den Untergrund, bergig und felsig, der zudem mit einer Unmenge von Korallen bewachsen ist. Eine Schildkröte, zwei Muränen, Tarpune, die bis 2,40 Meter lang werden können, Barrakudas und ein wirklich großer Ammenhai kreuzten unseren Weg. Der Ammenhai war leider zu scheu und flüchtete gleich.

Beim zweiten Tauchgang glitten wir über einen wunderschönen, endlos scheinenden Korallengarten. So etwas haben wir noch nicht gesehen. Allerdings war das für uns der erste Tauchplatz, an dem die Korallenbleiche einen sichtbaren, aber noch nicht zu großen Schaden angerichtet hat. Die Hauptursache der Korallenbleiche liegt in der Erwärmung der Meere. Nach und nach sterben dadurch die Korallen an manchen Plätzen ab.

Eidechsenfisch   Gefleckte Muräne

tolle Tiere, diese Schildkröten   Grüne Muräne – der King im Riff

Langsam intensivierte sich die Sonne wieder und nachmittags am Pool war es richtig heiß.

Am Nachmittag spazierten wir noch einmal in den Ort, um Wasser und etwas zum Knabbern zu kaufen. Auf dem Rückweg erwischte uns ein Regenschauer. Wir warteten ihn unter einem Dach in der Gewissheit ab, dass er bald vorbei sein wird.

im Ort Speyside

Im Hotel angekommen, ruhten wir uns auf dem Balkon aus und genossen das karibische Flair, zumindest so lange, bis es dunkel wird. Dann kommen die Mücken und machen uns den Garaus, so dass wir den Rest des Abends im Zimmer verbringen müssen. Die Mücken haben vor unserem Hotel, direkt am Strand, eine ideale Brutstätte. Dort endet ein Wasserlauf, der aus den Bergen kommt, in einer Art Bassin. Nur selten schwappt das Meerwasser dort hinein, so dass es eigentlich immer süßwasserhaltig und schön abgestanden ist. Dort geben sich abends auch die großen Frösche ihr Stelldichein und stimmen ein lautstarkes Konzert an.
Zum Abendbrot aßen wir heute zum ersten Mal Fleisch, Rippchen in creolischer Soße, lecker! Zur Auswahl stand fliegender Fisch, aber den hatten wir schon einmal früher probiert. Langsam hat sich auch mein Magen auf das Leben hier eingestellt, ich habe schon wieder aufgegessen.
Nach dem Abendbrot gingen wir noch einmal an den Strand, diesmal mit einer Taschenlampe. Wir wollten uns die Frösche genauer ansehen. Zwei dieser Tiere konnten wir entdecken, bevor die Taschenlampe ihren Geist aufgab. Einer der ziemlich großen Frösche erschreckte mich dermaßen, dass ich laut schrie, als ich ihm zu nahe kam. Weiter wollte ich dann auch nicht mehr gehen, denn die Ecke ist im Dunkeln reichlich gespenstisch.

Für heute ist um 9.30 Uhr ein Ausflug nach Little Tobago geplant, um Seevögel zu beobachten, doch niemand kam. Die anderen Gäste waren schon eine Weile zum Tauchen weg und wir saßen wie bestellt und nicht abgeholt. Nach fast einer Stunde rief ich Edith an. Die war jedoch fast da, wir sollten schon einmal an der Straße warten. Wie immer ist es drückend heiß und schwül. Dann kam das Auto, das uns zum Blue Waters Inn brachte. Zusammen mit einer anderen Gruppe bestiegen wir das Glasbodenboot am dortigen Anleger. Das brachte uns zuerst zum Angel-Riff vor Goat-Island, wo wir ganz langsam über das Riff fuhren und durch den Glasboden ein paar Fische und

Korallen sehen konnten. Dann fuhr das Boot zum Japanese Garden weiter, wo wir uns wieder über den Glasboden beugten. Der Skipper goss etwas Trinkwasser über die Plastikscheiben, so dass sich unter uns alles noch viel deutlicher abzeichnete. Dieses Vorgehen war neu für uns, fand ich aber eine tolle Idee. Trotzdem lässt sich leider durch einen Glasboden das Unterwasserleben lange nicht so gut beobachten wie beim Tauchen.

Nächste Station: Little Tobago. Am Anlegesteg verließen wir das Boot und bekamen jeder eine Flasche Wasser in die Hand gedrückt. Zuerst erklommen wir ein paar Treppen, dann belohnte uns eine tolle Aussicht.

auf Little Tobago   Dschungel

Little Tobago gehörte früher einem Engländer. Die Insel sollte ein Vogelschutzgebiet werden. Sein größter Coup war der Import von vierundzwanzig Paradiesvogelpaaren aus Papua Neuguinea. Die hielten sich auch ganz gut und vermehrten sich leidlich, bis 1963 ein großer Tornado über die Insel fegte und die Paradiesvögel und das Haus des Engländers mitnahm. Zuerst sollten neue Vögel angesiedelt werden, doch irgendwie vertrug sich die Anwesenheit der exotischen Vögel doch nicht so recht mit der einheimischen Natur und man verwarf den Gedanken wieder. Als der Engländer starb, schenkte er die Insel der Republik Trinidad und Tobago unter der Bedingung, dass sie Vogelschutzgebiet bleibt.

Der Wald, der hier wächst ist einzigartig. Die Baumkronen liegen meist nicht viel höher als fünf Meter, es gibt nur eine einzige Palmenart und im Wald gedeihen Kakteen. Auffallend sind die Riesen-Anturien, die epiphytisch auf den Bäumen leben. Sie bilden keine Blüte aus, sondern nur einen langen Fruchtstand. Auf Little Tobago gedeiht auch eine Baumart, die von den Einheimischen Touristenbaum genannt wird, weil er durch die Sonne genauso rot wird und sich seine Rinde dann abschält.

Nach einer Weile stiegen wir einen ziemlich abenteuerlichen Pfad hinab, um die Seevögel zu sehen. Überall liegen die Küken des Rotschnabel-Tropenvogels verstreut unter den Büschen. Die Eltern haben ein weißes Federkleid mit langen Schwanzfedern und einen roten Schnabel. Sie sind sehr hübsch. Dazu lassen sich Tölpel, Aztekenmöwen, die sich gerade zum Brüten hier aufhalten, ein paar Fregattvögel und eine andere, uns unbekannte Art, beobachten. Es ist sehr schön, dass alles nicht nur im Fernsehen zu sehen, sondern hautnah dabei zu sein. Ich hatte mich zwar besonders auf die Fregattvögel gefreut, doch deren Insel ist St. Giles weiter oben im Norden.

Riesen-Anturien

Seevogelküste von Little Tobago

Küken des Rotschnabel-Tropenvogels

Aztekenmöwe

einzigartiger Wald

Wir alle zerflossen buchstäblich in der Hitze, unsere Wasserflaschen waren schon längst geleert. Als wir den abenteuerlichen Pfad wieder hoch stiegen, waren unsere körperlichen Reserven so gut wie verbraucht. Die Vögel waren jedoch nicht alles, was man uns auf Little Tobago zeigen wollte. Deshalb fragte man uns, ob wir den Aussichtspunkt noch besuchen möchten. Es würde auch nicht mehr so steil bergan gehen und die Aussicht wäre traumhaft. Das wollte sich dann doch keiner entgehen lassen, alle gingen mit. Unsere Sachen konnten wir auswringen, trotzdem erklommen wir tapfer noch den Aussichtspunkt, ein wirklich schönes Fleckchen, sogar mit einem Dach darüber, das Schatten spendet. Von hier hat man einen wunderbaren Blick über die Bucht und die Flüge der majestätischen Vögel.

Bloß gut, dass es jetzt nur noch bergab zum Boot geht, endlich aus den Klamotten raus und zum Schnorcheln fertig machen. Am Angel-Riff sprangen wir ins Wasser, um die Unterwasserwelt direkt zu beobachten, aber außer ein paar kleinen Fischen und eine Hand voll Korallen haben die vielen Touristen mit der Zeit nichts mehr übrig gelassen. Das Riff ist fast zu Tode getrampelt, denn es ist an dieser Stelle nicht tief. Klaus sah dennoch zwei kleine Muränen, berichtete er.

Das war eine äußerst willkommene Abkühlung. Zurück im Hotel machten wir uns frisch, tranken eine Unmenge Wasser und fragten in der Tauchbasis nach, ob wir am Nachmittag noch einen Tauchgang machen könnten, denn einer unserer gebuchten Tauchgänge steht noch offen. Leider fuhr niemand mehr hinaus. So disponierten wir um und gingen zu „Jemma´s", einem Baumhaus-Restaurant mit so ausgezeichneter Küche, dass sie jeder probiert haben muss. Kaum ein Tourist kommt an diesem Seafood-Restaurant vorbei. Es liegt nur ein paar Minuten von der Manta-Lodge entfernt, direkt am Strand.

Wir bestellten Fisch und bekamen mehrere Teller auf den Tisch: Fisch, frittierte Fischfrikadellen mit Gemüse, Safranreis, überbackene Auberginen und Rohkostsalat. Dazu tranken wir eine Flasche Wasser. Es schmeckte wirklich ausgezeichnet. Draußen aber fing es gerade wieder an zu gießen, obwohl die Sonne schien. Deshalb bildete sich zwischen Goat-Island und Little Tobago ein wunderschöner Regenbogen. Die Vögel tollen in dem Baum herum, in dem das Restaurant gebaut ist. Wir waren rundum glücklich.

Auf dem Rückweg kauften wir noch Bier, Wasser und eine Flasche Old Oak, den tobagonischen Rum, den wir zu Hause genießen wollen. Er schmeckt sehr gut, so weich und rund, wie man so schön sagt.

Für einen kleinen Spaziergang suchten wir uns noch einmal die alte Zuckerfabrik als Ziel aus. Wir sahen uns alles ganz genau an. Oberhalb der Ruine fanden wir am Strand ein herrliches Stückchen zum Ausruhen mit Blick über die Bucht und die Inseln. Draußen lag ein relativ großes Schiff im Wasser. Wir rätselten, was es sein könnte, ein Forschungsschiff? Für eine Yacht ist es nicht schön genug. Später stellte sich heraus, dass es ein Tauchschiff ist. Es fährt jeweils eine Woche lang rund um Tobago die verschiedenen Tauchplätze an.

Endlich hatten wir Zeit für den Pool, herrlich diese Abkühlung. Dort verbrachten wir eine ganze Weile. Die Sonne hatte sich auf die Rückseite des Hotels zurückgezogen und es war angenehm.
Heute ging es mir erstaunlich gut. Hat mein Körper die Umstellung nach einer Woche endlich geschafft?
Zum Abend aßen wir Steak mit Champignonsoße, anschließend setzten wir uns ein letztes Mal an den Strand von Speyside. Morgen Nachmittag werden wir das Hotel wechseln.

Nach dem Frühstück fuhren wir noch einmal zum Tauchen mit hinaus, da uns immer noch ein Tauchgang fehlt. Heute haben wir einen anderen Guide dabei. Die Leute sind nicht begeistert, denn es gibt nicht nur Positives über ihn zu berichten.
Das Wetter ist schön und wir fuhren zur Rückseite von Little Tobago, aber außer Korallengärten und Sandflächen war nichts Aufregendes zu sehen. Klaus hatte ganz zuletzt noch eine große Grüne Muräne entdeckt. Ich sah zwar auch etwas, aber die Strömung gab mir nicht genug Zeit, um zu erkennen, was ich da eigentlich vor mir hatte.
Nach diesem ersten Tauchgang des Tages fuhren wir zum Strand zurück. Der Tauchguide stieg wortlos aus und ward nicht mehr gesehen. Erst dachten wir, er wollte neue Flaschen organisieren oder so etwas. Nach einer halben Stunde fragten wir den Skipper, ob er nicht wüsste, was los ist. Der gab uns zur Antwort, dass der Guide heute noch nichts gegessen hätte und zum Mittag wäre. Das war ein starkes Stück, uns deswegen einfach so sitzen zu lassen. Die Zeit verrann und wir mussten die Tour abbrechen, denn um 16 Uhr kam unser Transferbus nach Crown Point. Klaus und ich packten die Tauchsachen zusammen und legten sie auf den Anleger.
Nach eineinhalb Stunden kam der Guide endlich zurück, brachte aber das Auto nicht wieder mit, mit dem wir zurückfahren wollten. Deshalb baten wir ihn, im Hotel Bescheid zu geben, dass wir abgeholt werden, aber wir saßen und warteten. Derweil kam der kleine Manta wieder in die Bucht, der in den letzten Tagen immer wieder gesehen wurde. Klaus wollte hinter ihm her, doch ehe er alle seine Schnorchelsachen beisammen hatte, war der Manta wieder weg.
Es kam und kam kein Auto und es fing wieder an zu tröpfeln. Nach einer halben Stunde beschlossen wir zu laufen. Unsere Ausrüstung ist schwer und es ist heiß und der Weg geht zum Teil auch bergauf, zirka einen guten Kilometer lang. Unter den mitleidigen, oder doch eher ungläubigen Blicken der Einheimischen kämpften wir uns voran. Wir gaben sicher ein tolles Bild ab.
Im Hotel wusste anscheinend keiner von irgendwas, das Auto stand unberührt da. Das war ja wieder ein schöner Tag. Klaus spülte unsere Ausrüstung und hängte sie zum Trocknen auf. Ich packte derweil unsere Koffer und die Tasche. Als das erledigt war, setzten wir uns noch zu den anderen, die inzwischen zurück waren, an den Pool.
Wir haben hier zwar viel Neues unter Wasser gesehen, aber leider keinen Manta. Da haben wir wohl den Zeitpunkt etwas verpasst, schade.

Irgendwann bezahlten wir die Hotelrechnung und gingen bei Jemma´s noch ein Eis essen.

Kurz vor 16 Uhr kam der Bus, um uns und noch zwei Pärchen abzuholen. Wir wurden zum Flughafen gefahren, wo wir die anderen absetzten und neue Gäste aufnahmen. Dann stiegen wir am Sandy Point Village aus, unserem neuen Hotel für die kommende Woche. Wir checkten ein und bezogen das Zimmer. Es ist dunkel eingerichtet, dunkel getäfelt und die Klimaanlage hatte es in einen Eisschrank verwandelt. Die stellten wir erst einmal ab und ließen warme Luft herein. Das dunkle Zimmer entspricht nicht gerade meinem Geschmack, obwohl es größer ist, als das in der Manta Lodge, mit eigener Küche und einem Fernseher. Zu allem Unglück mussten wir auch noch feststellen, dass sich in unserem Zimmer die Kakerlaken ein Stelldichein geben, echte Prachtexemplare. Da sind mir die dunklen Wände noch viel weniger recht. Sofort ließen wir von Personal Abhilfe schaffen. Mal sehen, wie lange das vorhält.

Sandy Point Village

Innengelände

karibischer Blumenstrauß

Gecko

Nachdem wir unser neues Zimmer inspiziert hatten, waren wir auf den Pool gespannt. Der ist herrlich lang, da kann man gut seine Bahnen schwimmen. Dahinter führt ein Weg zum Restaurant direkt am Strand. Zu unserer großen Enttäuschung ist auch an diesem Strand nicht an Baden zu denken, überall liegen Steine und Felsen im Wasser. Nachdem wir hier unten den schönen weißen Sandstrand von Store Bay auf der Inselrundfahrt gesehen hatten, freuten wir uns auf einen herrlichen Badespaß. Dafür gibt es Pelikane, die ersten, die wir in freier Wildbahn sehen durften. Hier hatte ich sie irgendwie weniger erwartet.

schöner großer Pool in Grünen

Terrassenrestaurant

Strand bei Crown Point

Restaurant von der Seeseite

Schattenspender

Brauner Pelikan

Zum Abendbrot stellte sich heraus, dass das Hotel keine Ahnung von unserer gebuchten Halbpension hat. Diesbezüglich sind wir wohl doch Außenseiter. Nachdem wir der Kellnerin erklärten, dass wir Halbpension gebucht haben, fragte sie bei der Hotelleitung nach und es klärte sich alles. Nun bekamen wir unser Essen, eine Vorsuppe, danach Hai mit Reis oder Kartoffeln und Rohkostsalat als Hauptgericht. Wenigstens schmeckt es recht gut.

Nach dem Essen gingen wir hinunter zur Mole und setzten uns dort noch eine Weile. Mitten auf der Mole steht eine kleine Hütte als Sonnenschutz mit zwei Bänken.

schöner Ort zum Relaxen

Pelikane im Flug

ankommendes Flugzeug

die Sonne geht unter

Die Pelikane drehten noch immer ihre Runden und fingen Fische. Die Möwen, die sich dazugesellt haben, machen sie ihnen jedoch immer wieder streitig.
Zurück im Zimmer hängte ich ein paar Sachen in den Schrank und schrieb Tagebuch. Klaus ging inzwischen auf Kakerlakenjagd. Mittlerweile regnete es auch.

Heute standen wir erst um 8 Uhr auf, ich habe Geburtstag. Es drängt uns nichts und wir haben Zeit. Dieser Tag soll uns als Informationstag dienen, also herausfinden, wo die Tauchbasis ist und was man sonst alles in Crown Point machen kann. Wie sieht die Umgebung aus?

Nach dem gemütlichen Frühstück rief ich Edith an, ob sie nicht die Nummer unserer neuen Betreuerin hätte. Edith meinte, sie sei sowieso gleich in der Nähe und wäre in etwa einer Stunde bei uns. Dann würde sie uns gleich nach Scarborough mitnehmen, um noch einmal wegen der Bestätigung vom Arzt nachzufragen. Anschließend würde sie uns in ein Taxi setzen, das uns zurückbringt. Diesen Vorschlag fanden wir prima und so warteten wir.

Auf dem Weg nach Scarborough zeigte uns Edith, wo sich die Tauchbasis der Extra Divers befindet, bei denen wir die nächsten sechs Tauchgänge gebucht haben. Auf dem Rückweg sollen wir dem Taxifahrer sagen, dass er uns bei Pigeon Point Junction absetzen soll. So heißt die Kreuzung in der Nähe der Tauchbasis.

Im Krankenhaus ging diesmal alles ziemlich schnell, womit ich nicht sagen will, dass wir die Bestätigung danach in den Händen hielten. Klaus füllte heute nur erst einmal einen Antrag aus und bezahlte dafür auch noch 20 US-Dollar. Die Bestätigung könnten wir in ein paar Tagen abholen. Na super! Edith ist so nett und will sich weiter darum kümmern. Sie hat öfter etwas in der Nähe zu arbeiten.

Als das erledigt war, brachte sie uns zum Hafen, wo sich ein Taxistand befindet, und verabschiedete sich. Nun müssen wir nur das richtige Taxi aussuchen, wissen zumindest, was die Fahrt in etwa kosten soll. Wir fragten also den ersten Taxifahrer, was er für die Fahrt nach Crown Point haben will. Der verlangte glatt das Doppelte. Das war uns zu fett. Da wir etwas unschlüssig umherliefen, sprach uns ein anderer Taxifahrer an. Nachdem wir ihm gesagt hatten, wo wir hinwollen, nannte auch er zuerst den teuren Preis, erklärte dann jedoch, dass, wenn wir auf noch andere Mitfahrer warten würden, wir nur die Hälfte zu zahlen brauchten. Na, das ist doch ein Wort und es dauerte auch nicht lange, bis das Taxi voll war.

So ist es auch, wenn man per Anhalter fährt. Steigt man direkt vorm Hotel oder einer anderen Einrichtung ins Taxi, wird es teuer. Hält man ein Taxi am Straßenrand an, bezahlt man nur ein paar Tie-tie´s.

Der Taxifahrer setzte uns genau an der Tauchbasis ab und wir gingen gleich hinein.

Tauchbasis der Extra Divers in Crown Point

Ich hatte mir schon überlegt, was ich mir auf Englisch abbrechen wollte und stellte zu meiner ungemeinen Erleichterung fest, dass hier deutsch gesprochen wird. Die beiden

Tauchguides sind Deutsche, Heinz und Andrea, die schon an den schönsten Ecken der Weltmeere arbeiteten. Seit einem Monat sind sie nun hier.

Wir stellten uns also vor und sagten, dass wir unsere sechs gebuchten Tauchgänge morgen beginnen möchten. Das geht in Ordnung und schon bekamen wir eine kleine Einweisung über die Abläufe hier. Das Beste ist, dass die Tauchgänge hier ziemlich strömungsarm sind. Das ist gut.

Danach spazierten wir zurück zum Hotel. Dabei kamen wir bei Store Bay vorbei, wo wir zur Inselrundfahrt zum Mittagessen eingekehrt waren, und blickten neidisch über den schönen weißen Sandstrand. Damals verkaufte dort eine Frau Süßigkeiten, unter anderem in Ingwerzucker kandierte Erdnüsse. Die waren so lecker, dass ich gerne Nachschub gehabt hätte, doch sie war nicht da. Dafür holten wir uns eine Flasche Trinkwasser für unterwegs, denn wir trockneten schon wieder beinahe aus.

Etwas weiter blieben wir in einer kleinen Verkaufshütte hängen, in der Klaus ein Hawaii-Hemd für sich fand. Leider hatten wir kein Geld mehr dabei und ließen das Hemd zurücklegen.

Noch ein Stück weiter steht ein altes englisches Fort von 1777, dass zeitweise auch von Franzosen und Holländern besetzt wurde. Dann war es nicht mehr weit bis zum Hotel.

altes englisches Fort

Mangos wachsen am Straßenrand

Dort packten wir ein paar Reiseschecks ein, um sie am Flughafen einzutauschen, dann machten wir uns auf den Weg. Kurz vor der Hütte, die auf dem Weg zum Flughafen steht, fing es fürchterlich zu gießen an. Der Platzregen hielt sich eine ganze Weile und zwang uns irgendwo unterzustellen. Wir schafften es geradeso bis zur Hütte nebenan, in der wir uns auch noch umschauten.

Als der Regen endlich etwas nachließ, sprangen wir in die Hütte mit dem Hemd und fragten, ob die Verkäuferin auch einen US-Dollar-Scheck nehmen würde. Das war kein Problem. So bezahlten wir das Hemd mit einem Scheck und mussten nicht noch einmal dorthin zurück.

Jetzt suchten wir den Flughafen auf, um den Rest der Schecks zu tauschen. Danach machten wir uns auf den Weg zurück zum Hotel, wo wir es uns am Pool gemütlich machten. Ein paar Liegen am Pool stehen im Schatten, was sehr angenehm ist. Zuerst schwammen wir jedoch ein paar Runden in dem schönen langen Pool, bevor wir uns entspannten. Diese Entspannung wurde allerdings vom nächsten Regen eine Weile lang unterbrochen.

Kurz vor Sonnenuntergang lenkten wir unsere Schritte zum Strand, um die Pelikane zu beobachten und den Sonnenuntergang zu genießen. Sonnenuntergänge konnten wir in Speyside nicht beobachten, denn der Ort liegt auf der falschen Seite der Insel.

herrlicher Sonnenuntergang

die Pelikane fliegen immer noch

abendliche Stimmung im Süden Tobagos

Die ganze Zeit lag ein Fischerboot mit zwei Anglern vor der Mole vor Anker. Die Sonne verschwand langsam im Meer, als die Angler offensichtlich etwas Großes an der Angel hatten. Sie hatten viel Arbeit mit ihrem Fang und es dauerte eine ganze Weile, bis sie ihn im Boot landen konnten. Solange beobachteten wir die Pelikane und die Möwen weiter, wie sie sich um jeden Happen stritten. Inzwischen fand sich auch ein Nachtreiher ein.

Hinter uns kam schon die Nacht, als die Angler endlich ihren Fisch ins Boot zogen. Es war ein Tarpun, etwa 1,30 Meter lang. Vom Strand aus bekamen die beiden Beifall für ihren Erfolg. Komischerweise ließen sie ihren Fang wieder frei, nachdem sie den Fisch den Zuschauern gezeigt hatten. Vielleicht waren es Sportangler, wer weiß.

Tarpun als Angelbeute

Nachtreiher

Jetzt war es vollends dunkel. Zum Abendbrot aß Klaus heute Hühnerkeule, ich bekam Mahi-Mahi, da ich Fisch bestellte. Zuerst wusste ich nicht was das ist, doch später erfuhr ich, dass die Goldmakrele in diesem Teil der Welt so genannt wird. Das Fleisch ist relativ fest, ähnlich dem des Schwertfisches. Es schmeckte ganz gut, zumal es mit leckerer Knoblauchpaste überbacken war.

Zur Feier des Tages, es war immer noch mein Geburtstag, gab ich eine Runde Piña Colada aus. Das war die beste Piña Colada, die ich je getrunken habe, so cremig und aromatisch. Derweil kamen ein paar Flugzeuge eingeschwebt, was recht interessant aussah.

Nach einer Weile, die wir noch am Strand verbrachten und dem Nachbarhotel einen Besuch abstatteten, in dem gerade ein Feuerkünstler und Limbotänzer sein Programm zum Besten gab, gingen wir auf unser Zimmer zurück.

Um halb acht war die Nacht vorbei. Es regnete schon wieder, doch es hörte gerade auf. Das Frühstück ließ heute auf sich warten, so dass wir uns mit dem Essen beeilen mussten. 8.45 Uhr sollten wir von der Tauchbasis abgeholt werden.

Der Pick-up von den Extra-Divers kam pünktlich und brachte uns und unsere Ausrüstung zur Basis.

auf dem Weg nach Pigeon Point

Tauchboot

Zuerst unterschrieben wir den obligatorischen Wisch, den man vor dem Tauchen fast überall unterschreiben muss, zogen unsere Anzüge halb an und packten den Rest der Ausrüstung in die bereitgehaltenen Taschen. Uns begleiteten noch drei andere Taucher. Alle und alles wurde auf den Pick-up geladen, der uns dann nach Pigeon Point brachte. Dort liegt das Tauchboot am Strand. Wir luden alles um und dann manövrierte uns der Skipper durch die vielen anderen Boote und Ankerleinen ins offene Gewässer.

Nach einer halbstündigen Fahrt, die Karibikküste Richtung Norden entlang, kamen wir nach Mt. Irvine. Gerade jetzt kam wieder einer der Platzregen herunter und wir wurden abermals richtig nass. Dazu wurde es recht kühl und wir waren froh, unsere Anzüge anzuhaben. Das Wasser triefte nur so in die Augen. So schnell es ging, natürlich mit der üblichen Umsicht, legten wir die Ausrüstung an und verließen das Boot. Unter Wasser ist es wesentlich ruhiger und angenehmer. Das Briefing hatten wir schon vorher durchgeführt, Sicherheit steht auch hier an erster Stelle.

Ganz gemütlich betauchten wir ein relativ flaches Riff mit Sandflächen zwischendurch. Ein paar Muränen, Kaiserfische, Feilenfische und ein schöner Igelfisch sowie ein Kofferfisch zusammen mit einen Trompetenfisch kreuzten unseren Weg. Als Neuheit entdeckte ich einen kleineren Flötenfisch mit einem leuchtend blauen Streifen am Kopf. Später entnahm ich einem Bestimmungsbuch, dass es sich dabei um einen Blaupunkt-Flötenfisch handelt. Außer mir hat ihn wohl niemand gesehen.

Kaiserfische sind die Schönsten im Riff

Trompetenfisch

Husarenfisch und Igelfisch

Muränen lauern fast überall

Es war ein sehr ruhiger Tauchgang. Hin und wieder ließen wir uns von der sanften Strömung mitnehmen. Der viele Regen in den letzten Tagen beeinträchtigt die Sichtweite unter Wasser inzwischen doch sehr.

Die Oberflächenpause verbrachten wir am Strand von Mt. Irvine und wurden wie immer mit Keksen und Wasser bewirtet. Die Sonne kam gerade hervor.

Nach einer Stunde stiegen wir das zweite Mal ab. Bis jetzt hatten wir Grüne Muränen, gefleckte Muränen und Kettenmuränen gesehen, eine Languste, die kopfüber unter einem Felsen hing, einen Eberfisch, ähnlich einem Heringskönig, einen Krötenfisch, Flamingozungen, eine Nacktschneckenart, ein Seeohr und einen Butt, neben den vielen anderen Fischen natürlich, die sich überall tummeln. Der Tauchplatz ist recht schön mit der kleinen Wand, die mal flacher, mal steiler ist, dazwischen breiten sich immer wieder Sandflächen aus.

Als wir ins Boot stiegen, regnete es schon wieder. Das macht langsam keine Laune mehr. Gegen 14.15 Uhr waren wir auf der Basis zurück, spülten die Tauchsachen, tranken einen Kaffee und schrieben das Logbuch.

Eigentlich wollten wir den Sonnenuntergang noch sehen, aber da kamen wir heute etwas zu spät. An der Mole standen wieder die einheimischen Angler mit einer Rolle Sehne und einem köderbestückten Haken daran in der Hand. Vor ihnen hielt sich ein Schwarm größerer Fische auf. Immer wenn sie sich zeigten, wurden die Köder ausgeworfen. Bei einem der Angler klappte es dann auch. Er holte den Fisch erst an der Mole entlang an den Strand und dann aus dem Wasser. So ist die Gefahr gering, den Fisch zu verlieren. Es war ein Tarpun, etwa einen halben Meter lang, ein schönes Abendessen.

Als es dunkel war, setzten wir uns noch einen Moment auf die Terrasse unseres Zimmers. Davor steht ein großer Baum, in dem es von Glühwürmchen wimmelt. Sie leuchten immer zweimal kurz auf, dann sind sie wieder dunkel. Immerzu geht das so, ein unentwegtes Blinken in der ganzen Krone des Baumes. Das sieht super aus und beruhigt beim Zusehen die Nerven. Ab und zu kommen Fledermäuse, die sich wohl welche von ihnen holen. Irgendwann kam dann die Zeit für das Abendessen.

Während wir so saßen und Klaus seine Suppe aß, sah ich unten am Strand ein Glühwürmchen, das wohl gestrandet ist. Das ließ mir keine Ruhe. Wenn wir mit dem Essen fertig sein werden, wird es aufgehört haben zu blinken und ich würde es nicht mehr finden. Seine Leuchtkraft nahm zusehends ab. Ich ging also gleich nach unten und sah genau nach, wo es lag. Ich hatte vorher noch nie ein Glühwürmchen aus der Nähe gesehen, doch außer etwas Schemenhaftem konnte ich nichts erkennen. Jetzt wusste ich aber genau, wo es liegt und wir gingen nach dem Abendbrot noch einmal zusammen hin. Es war nicht mehr da. So setzten wir uns eben kurz auf die Mole und beobachteten die Wellen und ein Flugzeug, das gerade landete.

Aufstehen wie fast immer um 7 Uhr, um etwas mehr Zeit für das Frühstück zu haben. Das Wetter war zu dem Zeitpunkt noch in Ordnung, doch kurz vor dem Frühstück regnete es schon wieder in Strömen. So ein Mist, da wird die Sicht unter Wasser immer noch schlechter. Manche Tauchplätze können deshalb nicht mehr angefahren werden. Während wir beim Frühstück saßen, kam ein einheimischer Fischer am Strand entlang, ordnete sein Fangnetz und breitete es immer einmal zwischen zwei Molen aus. Bei jedem Wurf hatte er ein paar kleine Fische im Netz. Er wartete jedes Mal, bis er einen Schwarm gesichtet hat und die nächste Welle kam, dann warf er das Netz aus. Jeder Wurf war daher ein Treffer.

Kurz vor 9 Uhr holte uns der Pick-up der Tauchbasis ab. Es regnet schon wieder, nachdem es einmal kurz aufgehört hatte. Womit haben wir das verdient? Wir packten die Sachen und los ging es zum Boot. Wir waren heute zehn Taucher, langsam wird es eng auf dem Boot. Der Großteil der Taucher sind Holländer und Engländer, aber auch ein paar Deutsche.

Die Fahrt führte uns diesmal um die Südspitze Tobagos herum zur atlantischen Seite. Wir tauchten bei zwei Tauchgängen an zwei verschiedenen Plätzen, dazwischen Oberflächenpause in Küstennähe. Heute sichteten wir eine Schildkröte, drei Ammenhaie, einen Stachelrochen und die üblichen Fische.

Küste ganz im Süden Tobagos

flüchtender Stachelrochen

Mann, sind die schön

schwimmender Ammenhai

ruhender Ammenhai

faszinierende Tiere

Beim zweiten Tauchgang war die Strömung teilweise so stark, dass man zu kämpfen hatte, nicht abzudriften. Da ging es schon mal an dem einen oder anderen Objekt vorbei. Trotzdem konnten wir die Tauchgänge auch heute wieder entspannt genießen. Zum Mittag kam die Sonne dann endgültig heraus. Da sieht die Welt gleich viel freundlicher aus. Zurück in der Basis spülten wir die Sachen und hingen sie zum Trocknen auf. Danach schrieben wir die zwei letzten Tauchgänge in die Logbücher ein und besuchten nebenan einen Tauch- und Wassersportladen. Klaus war schon einmal in diesem Laden und hatte gesehen, dass der solche Signalstäbe führt, wie einer der Tauchguides einen hat. Das ist einfach nur ein Aluminiumstab, in dem sich eine lose Stahlkugel befindet. Das Geräusch kann man unter Wasser sehr gut hören. Die Dinge, die wir bisher ausprobierten, waren nicht das Nonplusultra. Diesen Stab hängt man sich irgendwo hin und schüttelt ihn nur. Man kann das Geräusch der Stahlkugel wirklich sehr gut unter Wasser hören, auch wenn man noch so sehr von der Unterwasserwelt abgelenkt ist. Der gute Mann im Laden wollte jedoch 180,- Tie-tie's (27,- €) dafür haben. Das ist für solche simple Technik absolut zu viel. Da müssen wir doch mal zu Hause danach suchen, oder selbst bauen.
Andrea brachte uns zum Hotel zurück, wo wir es uns ein weiteres Mal am Pool gut gehen ließen.
Langsam zogen schon wieder dicke Wolken auf, aber bis zum Abendbrot blieb es trocken. Zum Sonnenuntergang hielten wir uns an der Mole auf, wo die Fischer wieder einmal ihr Glück versuchten. Fische waren zwar da, doch es biss keiner an.
Wir saßen bis zum Dunkelwerden da und wollten gerade auf unser Zimmer gehen, als vor der Treppe ein weißhaariger Schwarzer mit weißem Bart saß, ein echtes Original. Wir grüßten ihn und gingen weiter, als Klaus einfiel, ihn fotografieren zu wollen. Allgemein rät man vom Fotografieren der Leute hier ab. Die meisten sind Rastas und glauben, dass ihnen die Seele genommen wird, wenn sie fotografiert werden und können dann auch ungemütlich werden. Der gute Mann ließ es zu und so schoss Klaus sein Bild.
Ich war schon weitergegangen, als der Alte mit Klaus eine Unterhaltung anfangen wollte. Da Klaus kein Wort verstand, wurde ich zu Hilfe gerufen. Er fragte, ob es uns

hier gefällt und wie lange wir bleiben und ob wir irgendwann wiederkommen. Danach sagte er, dass er viel mit Deutschen zu tun hat, denn er arbeitet im Tropikist Hotel nebenan. Da ich des Englischen nicht so sehr mächtig bin, hielt sich diese Unterhaltung leider in Grenzen. So verabschiedeten wir uns und gingen duschen. Kurz vor unserem Zimmer saß ein großer Frosch auf dem Weg, den wir uns natürlich auch noch ansehen mussten. Als es ihm zu bunt wurde, hopste er mit großen Sprüngen davon.

Zum Abendbrot bestellte ich mir heute eine Callaloosuppe. Sie schmeckt, wie Klaus schon sagte, wie ein Zwischending zwischen Spargel und Spinat und wird aus Taro, einer Regenwaldpflanze gemacht.

Noch während wir aßen, baute eine Steelband ihre Instrumente auf. Ich hatte mich schon auf echte karibische Steelmusik gefreut. Leider wurde ich enttäuscht, denn es gab nur „Weiße" Musik zu hören. Auch das Äußere der Musiker ließ zu wünschen übrig. Statt farbenfroher karibischer Kleidung standen sie in grauen Hosen und blauen Sweatshirts da. Das machte wenig Spaß und so gingen wir bald zum Strand hinunter, um den Wellen zu lauschen. Dort stand ein Pärchen mit richtigen Angeln, das schon drei Brassen gefangen hatte. Leider blieben die Köder ständig zwischen den Felsen hängen und mussten mitsamt dem Haken ersetzt werden. Das rechnet sich irgendwann auch nicht mehr und so packten sie bald zusammen. Wir blieben noch ein bisschen und plötzlich landete ein Reiher auf der Mole. Erst beobachteten wir ihn nur, dann wollten wir ihn auch aus der Nähe sehen. So standen wir auf und näherten uns ganz langsam dem Reiher. Er behielt jedoch immer seinen Abstand zu uns und bewegte sich ebenfalls langsam vorwärts. Dann bog er nach links ab und wir nach rechts, bis eine Katze kam und der Reiher von dannen flog.

Ein neuer Tauchtag beginnt. Es regnete die ganze Nacht und auch jetzt regnete es noch. Werden wir überhaupt noch etwas unter Wasser sehen können? Unsere Tauchplätze liegen heute direkt im Süden der Insel, wo das Flying Reef, das fliegende Riff, liegt. Der Name ist Programm, will heißen, dass dort mit Strömung gerechnet werden muss. Es ist ein schmales Riff parallel zur Küste.

Der erste Tauchgang war noch recht entspannt. Wir sahen ein paar Ammenhaie und eine echte Karett-Schildkröte. Außerdem liegt dort ein großer alter Anker, der schon so bewachsen ist, dass man ihn kaum noch erkennt. Man merkt nur, dass dieses Gebilde irgendwie nicht ganz in die Landschaft passt.

Zur Oberflächenpause „parkten" wir vor Store Bay, zusammen mit jeder Menge Segelschiffen und Katamaranen. Die große Yacht, die bis jetzt hier lag, hat sich wohl verabschiedet. Auf ihr sollen sich Ölscheichs aufhalten. Selbst die Schlauchboote dieser Yacht sind eine Klasse für sich.

Die vielen Segelboote sind zur Regatta gekommen, die morgen startet. Es ist die größte und bekannteste Regatta in der Karibik. Vielleicht bekommen wir etwas davon mit.

Beim zweiten Tauchgang begegneten wir einem Prachtexemplar von Grüner Muräne, die sich um die Korallenstöcke schlängelte. So konnten wir sie im Ganzen bewundern, während wir die bisher getroffenen Muränen immer nur stückchenweise zu Gesicht bekamen, weil sie sich in irgendwelchen Löchern versteckt hielten. Dazu trafen wir auf viele Langusten, die in der Karibik sehr groß werden. Es heißt, in der Karibik gibt es die größten Langusten.

herrlich bunte Unterwasserwelt

Grüne Muräne in voller Länge

Eigentlich sollten wir hier auch Zitterrochen sehen, diejenigen Rochen, die zu ihrer Verteidigung und für die Jagd Stromschläge abgeben, aber da hatten wir leider kein Glück. Wer weiß, wie viele Riff- und Hammerhaie wir verpasst haben, weil wir durch das trübe Wasser nicht weit genug sehen konnten.
Ziemlich am Schluss des Tauchgangs sollten wir eine Sandfläche überqueren. Das hört sich in dem Moment leichter an als es war, denn gerade hier herrschte eine sehr starke Gegenströmung. Ich musste mich sehr anstrengen, um nicht abgetrieben zu werden. Dazu lag ich höher als die anderen, weil meine Ohren nicht mehr mitspielten. Vielleicht war es dort unten nicht so heftig, aber dagegen konnte ich jetzt nichts mehr machen. Meine leichten Schwimmbadflossen, die bisher immer gut waren, taugten für diese Strömung kaum. Ich strampelte mit Armen und Beinen, doch ich kam nur millimeterweise vorwärts. Mein Luftvorrat neigte sich zusehends dem Ende zu und mein Herz raste. Ich bekam kaum noch Luft, weil die trockene Flaschenluft meinen Hals austrocknete. Sollte meine Luft zu Ende gehen, müsste ich auftauchen, aber irgendwie schaffte ich es doch noch und ich war heilfroh.
Wir führten den Tauchgang langsam zu Ende, gerade solange, bis sich mein Herz wieder beruhigt hatte, dann starteten wir den Aufstieg mit Sicherheitsstopp. Das war unser letzter gebuchter Tauchgang hier.
An Land angekommen, wartete Andrea schon mit dem Pick-up und verkündete uns, dass der geplante Nachttauchgang für morgen Abend ausfallen muss. Die Sicht hat am Nachttauchriff durch den vielen Regen gerade mal zwei Meter. Auch der Wracktauchgang, der heute eigentlich stattfinden sollte, wurde wegen schlechter Sicht und zu starker Strömung abgeblasen. In der Nähe unseres ersten Tauchplatzes im Süden, bei Mt. Irvine, wurde vor sieben Jahren eine ausgediente Autofähre für die Taucher versenkt. Eine Zeichnung der Fähre hängt in der Tauchbasis.

Während die anderen zur Basis zurück fuhren, spazierten wir zum Pigeon Point Strand nebenan. Dort mussten wir 18,- Tie-tie's Eintritt pro Person bezahlen, das sind fast 3,- Euro. Das ist zwar für den kurzen Aufenthalt viel Geld, doch jeder sagt, dass man einmal da gewesen sein muss. Vom Wärterhäuschen bis zum Strand ist es immer noch ein Fußweg von mehreren hundert Metern.

Endlich erreichten wir den Strand, wo wir uns ein schattiges Plätzchen suchten. Trotz des Eintrittsgeldes muss man auch noch die Liegen mieten. Wir legten einfach unsere Sachen irgendwo ab und gingen ins Wasser, welches eine hellblaue Lagunenfärbung und Badewannentemperatur hat.

Weg zum Strand von Pigeon Point

Pigeon Point   Froschkapelle

Schon zogen dicke Wolken auf und es begann zu regnen. Das Wasser ist wärmer als der Regen und so blieben wir im Wasser, wie die meisten hier. Manche nahmen sogar ihre Cocktails mit ins Wasser und schlürften sie nun gemütlich. Es sah lustig aus, wie die Regentropfen vom Seewasser aufhüpften, als wollten sie sich wehren, vom Seewasser verschluckt zu werden. Die Leute am Strand hatten sich Unterstände gesucht.

Es regnete ein Weilchen, dann schien wieder die Sonne. Wir stiegen aus dem Wasser, schnappten unsere Sachen und spazierten weiter den Strand entlang, bis wir auf eine Landzunge trafen. Auf der anderen Seite befindet sich eine Surfschule, vor der etliche Boote vor Anker liegen. Am Strand auf dieser Seite liegen sehr viel Korallenbruch und Seetang, da räumt niemand auf.

seltenes Schmuckstück   Spaziergang durch Crown Point

Langsam traten wir den Rückweg an. Bloß gut, dass wir Trinkwasser aus der Tauchbasis mitgenommen hatten. Jetzt am Sonntagnachmittag hat nur noch ein kleiner Minimarkt auf. Da wir fast unser ganzes Geld am Pigeon Point gelassen haben, reichte es jetzt nur noch für ein paar Kekse, denn wir hatten auch Hunger. Das Wasser war fast ausgetrunken, die Sonne schien mit ganzer Kraft und der Weg war weit, denn inzwischen hatte auch die Tauchbasis geschlossen.
Ich weiß nicht wie lange wir liefen, aber irgendwann kamen wir im Hotel an. Dort holte ich mir erst einmal eine große Flasche Wasser, Klaus wollte stattdessen sein Bier. Dann machten wir es uns am Pool gemütlich, was wir uns redlich verdient haben.
Um 18.30 Uhr sollte in der Nähe des Hotels ein Gottesdienst stattfinden. Jeder ist willkommen, steht auf einem Schild. Ein Zelt mit Plastikstühlen darin soll wohl die Kirche sein. Zu bestimmten Zeiten findet sich ein Prediger ein, der den Gottesdienst leitet. Da wir in unserer Reisevorbereitung gelesen hatten, dass die Gottesdienste recht sehens- und erlebenswert seien, wollten wir uns diesen Termin nicht entgehen lassen.
Als wir ankamen, es war halb sieben, stand der Prediger alleine da. Na, soweit her kann es hier mit der Kirche dann doch nicht sein.
Dafür standen gegenüber, vorm Casino, viele Autos. Die Leute wollten wohl alle zur großen Fete anlässlich der Eröffnung der Segelregatta. Freundlicherweise lud man uns auch ein, aber das überstieg unser Budget.
Zwischen Kirche und Hotel befindet sich ein chinesisches Restaurant. Dort wollte Klaus heute essen gehen. Derweil fiel mir ein, dass auf Tobago alle Leute grundsätzlich eine halbe Stunde zu spät zu Terminen kommen. Vielleicht hätten wir eher um 19 Uhr bei der Kirche sein sollen? Egal.
Beim Chinesen gab es anlässlich des Muttertages heute ein Buffet. Das Angebot umfasste Reis, Nudeln, Fisch mit schwarzen Bohnen, sehr gut gewürzt, Huhn,

Schweinetopf und Rindfleisch mit Broccoli, vorweg eine Suppe. Alles schmeckte sehr gut und wir aßen zweimal.

Dann spazierten wir in aller Ruhe zum Hotel zurück, zu unserem allabendlichen Abspannplatz auf der Mole. Im Restaurant fand heute, auch anlässlich des Muttertages, eine Soul-Darbietung statt. Es waren sogar ein paar mehr Leute als sonst anwesend.

Zum Schluss lauschten wir der Darbietung noch von unserer Terrasse aus. Der eher ruhige Soul ist doch schön anzuhören.

Ich nutzte die Gelegenheit zum Ausschlafen, Klaus las schon wieder. Er war sogar in der Nacht ein Bad im Pool nehmen, weil er nicht schlafen konnte. Ich hatte mich schon gewundert, wo er hin wollte, mitten in der Nacht.

Zum Frühstück zeigte das Thermometer heute schon 33°C, weit und breit ist noch nichts von Regen zu sehen.

Zuerst spazierten wir mit der Reisetasche zur Tauchbasis, weil wir unsere Sachen heute wieder mitnehmen müssen. Vorher wollten wir jedoch noch einen Ausflug zur Buccoo Bay machen. Wir sagten in der Tauchbasis Bescheid, dass wir unsere Sachen am Nachmittag zusammenpacken werden.

Wenn man sich auf Tobago nichts ansehen möchte, Buccoo Bay muss man gesehen haben, so die einhellige Meinung aller, die schon dort gewesen sind. So wollten wir uns das auch nicht entgehen lassen und gingen auf die Hauptstraße, um ein Auto anzuhalten. Es dauerte auch nicht lange und es hielt jemand. Der Fahrer brachte uns für ein paar Tie-tie´s direkt zum Strand. Wir stiegen aus und verabschiedeten uns.

Vor uns lag ein langer weißer Strand an hellblauem Lagunenwasser, der einen weiten Bogen beschreibt. Bevor wir uns jedoch diesen Strand ansehen, wollten wir einen Blick in die andere Richtung werfen. Wir liefen eine Straße entlang, die offensichtlich in eine andere Bucht führt, aber dort fanden wir nur eine sehr zerbröckelte Felsensteilküste. Deshalb spazierten wir zurück und suchten uns ein Plätzchen an dem Strand, der uns von der Optik und dem Feeling her den ganzen Urlaub lang vorgeschwebt hatte.

Wir suchten ein schattiges Plätzchen, entledigten uns unserer überflüssigen Klamotten und sprangen ins Wasser. Keine Steine, kein Seetang, nur türkisblaues Wasser und feiner Sand. So stellt man sich die Karibik vor. An dem ganzen langen Strand hielten

im Ort Buccoo

sich gerade eine Hand voll Leute auf. Das Wasser ist himmlisch, hier könnte ich ewig bleiben.

Buccoo Bay, so stellt man sich die Karibik vor

Nachdem wir eine ganze Weile im Wasser verbrachten, ließen wir uns am Strand trocknen, cremten uns gegen die Sonnenstrahlen ein, packten die Sachen und spazierten den Strand entlang weiter.

Buccoo, Bay und Ort   einfach traumhaft

Inzwischen hatten wir uns in den Kopf gesetzt, bis nach Pigeon Point zu laufen, den wir von unserem Standpunkt aus sahen. Wir wussten auch, dass es ein weiter Weg ist und die Sonne brannte wie die Hölle. Bloß gut, dass wir unsere Kappen auf dem Kopf hatten, sonst wäre uns das Gehirn ausgedörrt. Wie immer hatten wir viel zu wenig Wasser dabei, aber wir konnten hin und wieder zur Abkühlung ins Wasser springen.

Draußen am Buccoo Reef lagen etliche Boote und die Leute liefen sogar auf dem Riff herum. Kein Wunder, das dort alles kaputt ist. Als Tauchgebiet gibt es nichts mehr her, deshalb wird es auch von den Tauchbooten nicht mehr angefahren.

Inzwischen waren wir eineinhalb Stunden unterwegs, hatten auf einer Felsnase ein verlassenes Haus gefunden und legten nun eine Snackpause ein. Ab hier reicht der Küstenbewuchs bis ins Wasser und wir kommen am Strand nicht mehr weiter. Ein Trampelpfad führt durch den Wald und trifft etwas später auf einen Fahrweg, dem wir folgten und dabei auf eine Picknick-Ecke stießen. Hier legen die Ausflugsboote an, zum Baden, Grillen oder Souvenirs kaufen. Einer der Bootsführer hatte sogar frisch gefangene Makrelen dabei, die er gerade ausnahm.

Zu unserem Entsetzen hört der Weg, dem wir gefolgt waren, hier auf. Rechts von uns erstreckt sich eine neue große Bucht, vor uns ist Wasser und links von uns liegt die Bucht zum Pigeon Point. Wie soll es jetzt weiter gehen? Uns blieb nichts weiter übrig, als jemanden von den Bootsführern zu fragen, ob er uns zum Pigeon Point mitnimmt. Der erste, den wir ansprachen, wollte eine Unmenge Geld von uns haben. Der zweite verwies uns auf den Souvenirverkäufer, der wohl sein Chef war. Also gingen wir zum Souvenirverkäufer und fragten, ob er uns helfen kann. Der Mann sprach sogar ein bisschen Deutsch, denn er ist mit einer Frankfurterin verheiratet. Er meinte, wir sollten auf das nächste Glasbodenboot warten, das würde uns mitnehmen. Er wollte zwar nur halb so viel Geld wie der erste haben, aber das waren immer noch 8,- Euro. Dazu kaufte ich ihm, um ihn noch freundlicher zu stimmen, ein paar Ohrringe ab.

Während wir so warteten, schwamm ganz gemächlich ein Stachelrochen am Strand entlang. Unserer Aufmerksamkeit war er gewiss.

Pelikane

Glasbodenboot

Miniwespennest

Endlich kam das Glasbodenboot und setzte etliche Touristen ab. Nach einem kurzen Aufenthalt durften wir aufsteigen und das Boot legte ab, um ein paar Minuten später am Strand von Pigeon Point anzulegen. Wir waren froh, am Ende unsere Odyssee zu sein, denn wir trockneten abermals langsam aus. Am Pier sprach uns ein Mann an und meinte, er hätte uns heute Vormittag in Buccoo Bay gesehen. Wir sagten, dass das stimmen kann und ich erzählte ihm, wie wir hierhergekommen waren. Er fragte ganz erstaunt: durch das Niemandsland seid ihr gekommen? Na toll, Niemandsland! Wir antworteten: ja, und er zollte uns aufrichtige Bewunderung und zeigte mit dem Daumen nach oben. Im Stillen dachte er bestimmt, wir sind verrückt. Wir unsererseits dachten, dass wir unter normalen Umständen diese Picknick-Ecke gar nicht gefunden hätten. Es hat manchmal doch sein Gutes, einfach mal drauf loszulaufen, solange man überlebt. Ich war jedenfalls heilfroh, die „Zivilisation" wiederzuhaben.

Jetzt mussten wir bis zur Tauchbasis laufen, was immer noch ein ganzes Ende war. Die Taucher kamen auch gerade von ihrem Ausflug zurück. Es waren heute sehr viele Leute und wir waren froh, nicht dabei gewesen zu sein. Die Sicht war immer noch nicht besser, ließen wir uns berichten.

In der Basis angekommen, kauften wir zuerst Trinkwasser, bevor wir die Sachen zusammen packten. Andrea hatte sie netterweise am Morgen zum Trocknen aufgehängt und auch darauf geachtet, dass sie trocken bleiben. Überhaupt fühlten wir uns bei den Extra Divers in Crown Point sehr wohl.

Nachdem alles erledigt war, verabschiedeten wir uns und sagten, dass wir sie gerne weiterempfehlen werden. Es hat uns wirklich gut gefallen. Der Chef fuhr uns sogar noch zum Hotel zurück.

Nachdem wir das Gepäck im Zimmer abgeladen hatten, wollten wir noch etwas zu trinken kaufen, doch der Laden hatte kurz vorher geschossen. Also wieder ins Hotel zurück und das Wasser an der Bar geholt. Dazu genehmigten wir uns eine letzte Piña Colada.

Aber jetzt nichts wie an den Pool, der uns heute wie das Paradies vorkam. Irgendwann hatte sich auch unsere neue Reiseleiterin angesagt, um noch ein paar Dinge zu klären. Um halb sieben abends kam sie dann. Wir wollten an einem der letzten Abende noch einmal Shrimps im Hotelrestaurant essen. Da die hier aber nicht in der Halbpension enthalten sind, anders als in der Manta Lodge, wollten wir wissen, wie viel wir dazuzahlen müssten. Die Reiseleiterin wollte das im Hotel klären, doch es war gerade niemand da. Man würde sich deshalb bei uns melden, es wäre aber nur ein ganz geringer Betrag. Außerdem fragten wir noch einmal wegen der Bestätigung für Klaus´ Krankenhausaufenthalt nach. Die Frage, wann denn unser Flugzeug nach Hause startet, wollten wir auch noch geklärt haben. Sie würde uns deshalb am Flugtag morgens anrufen.

Bis zum Abendbrot meldete sich niemand wegen der Zuzahlung zu den Shrimps. Deshalb entschlossen wir uns, heute noch einmal Halbpension zu essen. Erst nach dem Abendbrot offerierte uns die Kellnerin, dass wir pro Person 50,- Tie-tie´s (7,70 €) dazu bezahlen müssten. Der ganz geringe Betrag war dann doch ziemlich hoch.

Durch den Spaziergang in der Sonne von Buccoo Bay nach Pigeon Point hatte ich mir die unteren Beine ganz schön verbrannt. Ich sprühte immer wieder Apres Lotion darauf, aber das half wenig. Hoffentlich kann ich morgen noch einen Schritt vor den anderen setzen.

Der letzte Tag vor der Abreise. Es sollte ein ruhiger, relaxter Tag werden. Deshalb schliefen wir erst einmal aus und gingen dann ganz gemütlich frühstücken. Es war schon jetzt wieder sehr warm. Zum Glück hat die Hitze im Süden Tobagos nicht diese schweißtreibende Eigenschaft wie im Norden der Insel. Das ist wesentlich angenehmer. So kann man auch schöne Spaziergänge machen.
Als erstes tauschten wir unser letztes Geld, denn wir brauchten noch das ein oder andere Souvenir und natürlich Trinkwasser.
In einem Laden am Flughafen suchte ich ein T-Shirt aus, das mir Klaus neben den Ohrringen zum Geburtstag schenkte. Dann gingen wir zur Bank am Crown Point, da wo die Tauchbasis ist, weil ich noch eine 50-cent-Münze für meine Sammlung brauchte. Ich hielt schon den ganzen Urlaub lang Ausschau danach, doch es war nirgends eine zu bekommen. Diese Münzen sind so gut wie nicht im Umlauf. Auf der Bank hatte ich nun Glück und ließ mir gleich zwei geben.
Als nächstes zogen wir von einem Händler zum nächsten und landeten dabei in Store Bay. Dort ruhten wir uns auf einem schattigen Bänkchen etwas aus und beobachteten das Treiben. Die Touristenfänger fanden wieder genug Gäste für ihre Glasbodenboote, die am Strand lagen und jetzt zum Buccoo Riff ausliefen. Es waren vier große Boote, alle brechend voll. Das Tauchboot der Extra-Divers kam gerade herein, um die Oberflächenpause hier zu verbringen. Draußen segelte die kleine Klasse die Regatta, die noch immer lief. Die großen Segler hatten schon gestern ihren Auftritt.
Ich war immer noch auf die Erdnussleckerei mit dem Ingwerzucker scharf, leider hatte ich wieder kein Glück.

Crown Point   viel Betrieb in Store Bay

Irgendwann am Nachmittag spazierten wir zum Hotel zurück und kauften auf dem Weg dorthin noch ein paar kleine Andenken für unsere Urlaubsecke und die Lieben zu Hause. Im Hotel verstauten wir die Sachen und gingen an den Strand und etwas später zu der kleinen Hütte in der Nähe der Landebahn. Dort lässt es sich schön im Schatten sitzen, etwas abseits der Hotels.

Amazonen fristen ihr Leben im Hotelkäfig

schönes Plätzchen   der Flugplatz ist nah

Während wir so da saßen, kam eine Frau mit dem Auto angefahren, stieg aus und kippte etwas ins Wasser. Wir dachten nur, nein so eine Umweltverschmutzung. Etwas später ging Klaus nachsehen und entdeckte im Wasser zwei Tarpune, recht groß, die sich an den Köpfen von fliegenden Fische labten, die die Frau zuvor ins Wasser geworfen hatte.

Jetzt erwachte in Klaus das Angelfieber. Er hatte beim Strandspaziergang Angelschnur gefunden, ein Haken lag woanders herum. Dazu besorgte er sich einen Stock, auf den er die Angelschnur aufwickelte. Die Angel sollte nach dem Vorbild der einheimischen Angelgeräte gebaut werden. Dazu fehlte jetzt nur noch ein Stein mit einem Loch als Bleiersatz. Zum Schluss, als die Angel fertig war, kam ein Fischkopf an den Haken und ab damit ins Wasser, direkt zu den Tarpunen. Es biss auch gleich einer an, doch schon war die Sehne kaputt und der Fisch weg.

An anderer Stelle fand sich neues Angelgerät mit stärkerer Sehne, doch nun waren die Tarpune weg, aus der Traum vom Tarpun-Essen. Die anderen Angler hatten ebenfalls

kein Glück. Die Pelikane ließen sich heute auch nicht sehen. Ich denke, wenn die nicht da sind, braucht man es auch nicht mit dem Angeln zu versuchen.
Gefrustet stiegen wir in den Pool. Ich musste unbedingt meine verbrannten Fußgelenke kühlen, doch das Wasser war heute so warm, das es keine Abkühlung brachte.
Zum letzten Abendessen in diesem Urlaub gönnten wir uns trotz der kräftigen Zuzahlung noch einmal Shrimps mit Knoblauch.

herrlich beruhigende Sonnenuntergänge

Als wir das Restaurant verließen, rief mich Klaus und zeigte auf etwas an der Wand. Dort prangte eine riesige amerikanische Schabe, ich weiß nicht, reichen acht Zentimeter Länge? Sie leuchtete richtig golden. Sie war einfach riesig und eklig. Mir lief es noch lange danach eiskalt den Rücken herunter. Nee, Wahnsinn!
Nach dem Abendessen wollte Klaus noch einmal sein Glück bei den Fischen versuchen. Die Angel und die Fischköpfe hatte er solange versteckt. Der letzte Angler war gerade erfolglos gegangen.
Der Mond, der jetzt als schmale, auf dem Rücken liegende Sichel am Himmel erschienen war, sank langsam senkrecht ins Meer.
Klaus hielt die Angel mehrfach ins Wasser, bis sich der Haken irgendwann so zwischen den Steinen verfing, dass er nicht mehr zu retten war. Das war's dann, wieder kein Fisch.

Abreisetag. Nach dem Frühstück rief Edith an, dass unser Flug um 18 Uhr geht, also zwei Stunden später, als auf den Tickets steht. Was sollten wir solange noch machen? Bis 11 Uhr müssen wir das Zimmer geräumt haben.
Als erstes packten wir die Koffer und Taschen, aber nicht ohne vorher alles, aber auch das kleinste Teil, herauszuholen. Danach wurden die Koffer und Taschen auf das gründlichste ausgeschüttelt und ausgewischt. Wir wollten nicht riskieren, Kakerlaken mit nach Hause zu bringen. Dasselbe veranstalteten wir mit den Klamotten und der Tauchausrüstung. Das war zwar ein riesiger Aufwand, aber vorbeugen ist besser als heilen.

Endlich hatten wir alles zusammen und wir brachten die Taschen zur Rezeption, wo wir auch die Hotelrechnung bezahlten. Die Taschen konnten wir dort stehen lassen, dann machten wir uns noch einmal auf den Weg nach Crown Point.
Auf dem Weg dorthin trafen wir Edith, die gerade auf dem Weg zu uns war. Sie wollte Bescheid geben, dass der Flug doch pünktlich geht. Die andere Information war falsch. Prima, wenn wir sie nun nicht mehr getroffen hätten, wäre unser Flug weg gewesen. Eigentlich wollten wir erst ins Hotel zurückkehren, wenn es Zeit sein würde, zum Flughafen zu fahren. Das wäre eine schöne Pleite geworden. Dann setzten wir unseren Weg fort.
In der Tauchbasis fragten wir nach einem Aufkleber für unsere Taucherkisten, aber da waren keine mehr vorhanden. Auf dem Rückweg nach Store Bay kamen wir an einem Hähnchengrill vorbei. Das Geflügel sah so lecker aus, dass wir uns jeder ein Teil kauften. Dazu gab es eine äußerst leckere creolische Soße. Wir mussten das Hähnchen mit den Fingern essen, da wir mit der Plastikgabel, die daneben lag, nicht weit kamen. Entsprechend sahen wir dann auch an den Händen und um den Mund herum aus. Zum Glück waren ein Wasserhahn und Seife vorhanden, um sich zu waschen. Wir saßen schon eine kleine Weile am Tisch, als ich sagte, dass ich gern noch ein Stück essen würde. Das Hähnchen war doch viel zu gut, um so schnell aufzugeben. Klaus war der gleichen Meinung und so holten wir uns eine zweite Portion. Dann waren wir rundum satt und zufrieden. So gut isst man äußerst selten, so spartanisch das auch war.
Nachdem wir uns ein letztes Mal Store Bay angesehen hatten, spazierten wir noch einmal zum alten Fort, wo wir uns auch noch setzten und ein letztes Mal die Sicht über die Bucht genossen. Dann wurde es langsam Zeit für die Abreise.
Wir wurden pünktlich abgeholt, checkten ein, Edith brachte doch noch die Bestätigung für Klaus´ Krankenhausaufenthalt, an die wir schon nicht mehr geglaubt hatten. Nach der Verabschiedung warteten wir auf unser Flugzeug, das pünktlich um 16 Uhr startete. Auf der Isla Margarita vor Venezuela gab es eine kurze Zwischenlandung, dann ging es endgültig nach Hause.
Wieder war ein, trotz aller Widrigkeiten, doch ganz schöner Urlaub zu Ende. Das kalte Deutschland hatte uns wieder. Die Ausgaben, die auf Klaus´ Unfall folgten, erstattete die Auslandsreisekrankenversicherung schnell und unbürokratisch.

Hat Ihnen unser Reisebericht von Tobago gefallen? Dann würde es uns freuen, wenn Sie eine Bewertung (Rezension) in dem Shop hinterlassen würden, in dem Sie das Buch/ebook gekauft haben, oder vielleicht auf unserer Homepage. Vielen Dank schon einmal im Voraus.
Besuchen Sie uns gerne unter www.akweltenbummler.com.